Kirsty Gunn
Mein Katherine Mansfield Projekt

Kirsty Gunn

Mein Katherine Mansfield Projekt

Essay

Aus dem Englischen
von Uda Strätling

OKTAVEN

Die Originalausgabe mit dem Titel *My Katherine Mansfield Project* erschien 2015 bei Notting Hill Editions, Widworthy Barton Honiton Devon EX14 9JS.

1. Auflage 2022

Oktaven

ein Imprint des Verlags Freies Geistesleben
Landhausstraße 82, 70190 Stuttgart
www.geistesleben.com

ISBN 978-3-7725-3033-3

⟨e⟩ auch als eBook erhältlich

Inhalt

– *Vorbemerkung* –

Vor einigen Jahren habe ich einen Band mit Kurzgeschichten herausgebracht: *Zuhause ist, wohin du zurückkehrst*. In der titelgebenden Geschichte, die mit den
anderen leitmotivisch über die Themen Heimkehr und
Identität verknüpft ist, hatte ich versucht, erzählerisch
eine Idee umzusetzen, die der Dichter Robert Frost so
fasste: «Daheim ist da, wo sie dich nehmen müssen, /
wenn du hinkommst!».

Und so heißt es in der besagten Geschichte über das
Haus der Großmutter: «*Erinnerst du dich? Wie sicher wir
dort waren?* [...] *Kann ich mit Worten einen sicheren Ort
für dich schaffen, an dem wir bleiben können?*»

Dieser Gedanke treibt mich schon länger um – die Vorstellung kreativen Schaffens als Machen und Tun, das
gezielt, Baustein für Baustein, Wort für Wort, textuell
Raum schafft für Geschichten, eine Wohnstatt aus Worten, die auch mir als Autorin Heimat wäre. Und mich
beschäftigt auch der Gedanke an die Rückkehr, die im
Titel der genannten Geschichte steckt, die Vorstellung,
ich könne *im Schreiben* eine Wiederkehr vollziehen – zu
einer nächsten und nächsten und übernächsten zu schreibenden Geschichte, die Rückkehr an den Schreibtisch,
wieder und wieder, zur Seite, zum Satz, zu Bausteinen
und -stoff meines literarischen Schaffens –, Rückkehr,
auch, zu den eigentlichen Beweggründen meines Schreibens, die rückbinden an das, was sich nicht benennen
lässt und mir letztlich ein Rätsel bleibt, was am Ende

der Reise, an meinem Bestimmungsort wartet und mich «nimmt, wenn ich hinkomme».

Mich in der Sprache, in Worten einzurichten ist demnach für mich so real, so konkret und alltäglich wie mich tatsächlich irgendwo häuslich einzurichten, wie ich es in West London und im schottischen Hochland von Sutherland weit oben im Nordosten getan habe, einem zweiten Zuhause. An diesen Orten bin ich fast mein ganzes Erwachsenenleben lang schon daheim – obwohl ich weit weg auf der anderen Seite der Welt aufgewachsen bin, im neuseeländischen Wellington, meiner anderen Heimat. «Gehasst habe ich es», schrieb seinerzeit Katherine Mansfield, und sie ging fort, kehrte nur noch in den Erzählungen und kurzen Geschichten heim, die wir heute zu ihren besten zählen – dachte, erdachte, evozierte für den Rest ihres kurzen Lebens jenen fernen Ort, sicherte den örtlichen Gegebenheiten, Lage, Lärm und dem besonderen Licht mit ihren kunstvoll gesetzten Worten ein langes Nachleben.

Ihr wilder Wankelmut – hier der verzweifelte Wunsch, zu entkommen, dort das, was so schön *Heimweh* heißt, ein Wort, das mich fortzieht, ein schmerzliches Gefühl gekappter Verbindungen, ein Nachhall ähnlich einer lange gehaltenen Note und, zugleich, ein Heimwärtssog, eine Spur, der die Gedanken zu Früherem zurückfolgen – ist mir nicht fremd. Mir begegnet diese Heimwärtigkeit, die einerseits die Heimat leid ist, andererseits an ihrem Fehlen leidet, überall in Mansfields Geschichten, ihren Notizbüchern und Briefen; es ist, als läse ich von meinem eigenen Leben.

Und deshalb musste ich diesen Text, dieses Buch machen. Ich wollte den inneren Zwiespalt ergründen, der eine Schriftstellerin hin- und wieder herziehen kann, wollte in Worten erkunden, was es heißt, sich an diesem, aber ebenso jenem Ort heimisch zu fühlen – von zwei machtvollen Sehnsuchtslandschaften gleichzeitig in Kopf und Herz – und auf der Seite – eingenommen zu sein.

Katherine Mansfields in Neuseeland angesiedelte Geschichten beschreiben nicht einfach quasi als luftdicht in der Vergangenheit eingelagerte Erinnerung die Heimat, die einst verlassen wurde, sondern vollziehen die Erfahrung nach, dort zu sein:

Langsam stieg sie die Stufen zur Hintertür hinauf und ging durch die Spülkammer in die Küche. Nichts war zurückgelassen worden als ein körniger Klumpen gelber Scheuerseife in der einen Ecke des Fensterbretts und ein alter Lappen, fleckig von einem Beutel Wäscheblau, in der anderen. Der Herd war mit Müll vollgestopft. Sie stocherte darin herum, fand aber nichts als eine Haarspange mit einem aufgemalten Herzen, die dem Dienstmädchen gehört hatte. Auch die ließ sie liegen und schlenderte durch den engen Flur ins Wohnzimmer. Die Jalousie war heruntergelassen, aber nicht ganz geschlossen. Lange, bleistiftdünne Sonnenstreifen stachen hindurch, und der schwankende Schatten eines Strauchs tanzte auf den goldenen Strichen.

— «Vorspiel»

Frank O'Connor geht für mein Gefühl fehl, wenn er sich der Meinung V. S. Pritchetts anschließt, Mansfields Geschichten wirkten nicht «real», weil die Schauplätze dem Leser so fremd seien, so exotisch, so fern. «‹An der

Bucht› in einem realen Land anzusiedeln», schreibt er, «hieße der Erzählung eine historische Dimension zu verleihen, die überhaupt erst eine Beurteilung, eine fundierte Würdigung und Kritik erlauben würde. Die eigentliche Welt dieser Geschichten ist aber nicht Neuseeland, sondern die Kindheit, und sie setzen durch ihre Machart jedes kritische Urteilsvermögen geradezu hypnotisch außer Kraft ... Diese Geschichten sind gekonnte, ausgeklügelte Zauberkunst.» Besteht aber Mansfields Kunst nicht gerade darin, so und nicht anders zu zaubern? Nämlich so, dass wir als Leser tatsächlich entrückt und der Notwendigkeit enthoben werden, uns mit einem «Dort» zu befassen, und stattdessen in ein «Hier» eintauchen dürfen? In den Seiten solcher Geschichten leben, durch die Räume und Straßen der Vergangenheit der Autorin wandeln, als wären es die unseren?

Das Haus war erfüllt von leise huschenden Schritten und herumirrenden Stimmen. Die mit grünem Fries bespannte Tür, die zur Küche führte, schwang auf und mit dumpfem Knall wieder zu.

— «Das Gartenfest»

Der «dumpfe Knall», die «leise huschenden Schritte». Ein paar Worte genügen, und wir sind mittendrin.

In ein Wortgebäude eintreten zu können, heißt, eine sichere Bleibe zu finden. Ich bin in Haus und Garten der Erzählung Mansfields so daheim wie jede der Figuren, mit denen ich den fiktionalen Raum teile, «hypnotisch» entrückt in die von der Autorin erlebte und evozierte Vergangenheit, und zwar in Gestalt einer von ihr selbst als «besonders» bezeichneten Prosa. Zu ihrem «Vorspiel», jener langen Kurzgeschichte, die fast schon eher ein Kurzroman ist, «gemacht» aus dem Heim ihrer Kindheit, bemerkte sie, nachdem sie das Manuskript an die Hogarth Press von Leonard und Virginia Woolf geschickt hatte:

«Mein armes liebes ‹Vorspiel› flötet bei ihnen weiter in einem kleinen Käfig vor sich hin und ist noch nicht heraus. Ich habe noch mal ein paar Seiten gelesen und das Ganze kaum wiedererkannt. Es klingt für mich sehr nach *Es war einmal* ... Und wie werden unsere ‹großen Geister› das doch hassen. Sie werden es als neue Lesefibel für die Allerkleinsten belachen. Sollen sie.»

Sie wusste, wie nah am eigenen Erleben war, was sie geschrieben hatte, wie haarfein die Grenze zwischen Leben und Kunst. Heimatlos zu sein schärft den Blick – für das Bedürfnis, Verlorengegangenes neu zu erschaffen und zu ersetzen. Damit wird das Werk ... unwiderlegbar.

In diesem kleinen Band hier schließt Heimatlosigkeit die Erwartung, ja die Verwirklichung einer Heimkehr mit ein – wie auch die Gewissheit einer literarischen Bearbeitung –, ohne dass der Erzählverlauf zwingend von einem Zustand zum anderen führt und zu einer sauberen Lösung. So wie ein Essay per se – als Versuch, *essai*, dem Nachspüren einer Idee – in ein Fragenlabyrinth locken kann, aus dem man nicht unbedingt mit Antworten heimkehrt, so legt dieses «Projekt» einen roten Faden aus, ohne feste Erwartung, fündig zu werden. Greifbar sind nur diese Seiten, dieser Band, mein Bericht, meine literarische «Heimat».

Edward Said hat auf eindringliche Art mit großem

Nachhall die Erfahrung der Entwurzelung und des Exils beschrieben; in seine Worte hülle ich mich gelegentlich zum Schutz vor Gefühlen der Isolation, der Entfremdung, die mich beim Schreiben aus heiterem Himmel treffen können, als pfeife mir plötzlich ein scharfer Wind um die Ohren, der mir klarmacht, dass ich nicht warm genug angezogen bin und dass ich, die ich Häuser an mehreren Orten bewohne und als Zuhause empfinde, im Grunde nirgends zu Hause bin. In seinen Betrachtungen zu einem nach vielen Jahren gewagten Besuch in Palästina, wie er sehr bewusst sagt, heißt es:

> Wieder einmal stellte ich fest, dass das einstige Netz aus Städtchen und Dörfern, in denen alle Angehörige meiner erweiterten Familie gelebt hatten, nun zu einer Reihe israelischer Örtlichkeiten geworden war ... Eine der Routinefragen israelischer Beamter ... lautete, wann genau nach meiner Geburt ich Israel verlassen hätte. Ich antwortete, ich hätte *Palästina* im Dezember 1947 verlassen ... «Haben Sie irgendwelche Verwandte hier?», hieß die nächste Frage, worauf ich antwortete: «Niemanden», und das löste bei mir ein Gefühl der Trauer und des Verlustes aus, wie ich es so nicht erwartet hatte.
>
> — Edward Said, *Am falschen Ort*

Diejenigen unter uns, denen ein Exil nicht aufgezwungen wurde, stehen vor einem Dilemma. Der Autor und Kritiker James Wood hat sich unlängst in einem Beitrag für die *London Review of Books* Gedanken über sein Gefühl der Entwurzelung gemacht, lebt er doch mittlerweile schon so lange in den Vereinigten Staaten, dass England keineswegs mehr der vertraute Ort von einst ist. Zu Durham, wo er aufwuchs, schreibt er: «Meine Eltern leben dort nicht mehr; ich selbst lebe nicht einmal mehr im Land. Die Stadt ist zu einem Traum mutiert.» Er stellt fest, dass Saids Begriff des Exils auf seine Situation der «frei gewählten Heimatlosigkeit» nicht anwendbar ist. «Die Entscheidung gegen eine Heimkehr», schreibt Wood, «erscheint, ex negativo, ebenso als Beleg für die Existenz einer Heimat tauglich, wie Saids Exil-Begriff den einer ‹wahren Heimat› impliziert.» Allerdings bereitet die Annahme, die Melancholie der Entwurzelung erwachse daraus, dass der *locus amoenus*, der ideale Ort, der Sehnsuchtsort, verlassen wurde, heutzutage Schwierigkeiten, die weniger mit Trennung und Verlust zu tun haben als mit der Leichtigkeit von Flugreisen und unserem Profitdenken. Die Globalisierung und entsprechende Muster gewollter Migration, sagt Wood, locken uns auf der Jagd nach Geld, Gelegenheiten, Abenteuern etc. alle andauernd von zu Hause fort. Wo also wäre überhaupt der «ideale Ort»? Wie können wir Exilierte sein, wenn wir doch selber fort wollten? «Nach Said», schreibt Wood, «müssten wir davon ausgehen, dass an einer ungewollten Heimatlosigkeit nur leidet, wer eine wahre Heimat kennt.»

Doch das Anliegen von Saids Essay «Reflections on Exile» scheint mir nicht in genaueren Unterscheidungen zwischen Bedeutungsnuancen der einschlägigen Begriffe zu bestehen, zwischen verschiedenen Arten von «Heimat*lösig*keit» – wie wir nach Wood vielleicht lieber sagen sollten –, zwischen bewusst gewählter Emigration und erzwungenem Exil, nicht im Versuch, zu fassen, ob der Ort, den man verlassen hat, die eigene «wahre Heimat» sei. Er thematisiert vielmehr vor allem die «grundtiefe Trauer», die «nie wirklich zu überwinden» ist, denn «… was dem Exil unterdessen vielleicht abgerungen werden konnte, wird immerzu von dem Verlust der früheren Lebensfülle unterminiert.»

Diese Beobachtung gilt ebenso sehr für James Woods' diffuses Gefühl, nicht dazuzugehören, auf *unheimliche* Weise nicht heimisch zu sein, wie für alle, die nicht mehr an dem Ort leben, an dem sie zur Welt kamen und aufwuchsen. Zwar mag Wood jemanden in seiner Lage als schlicht «nicht heimgekehrt», jedoch keineswegs im Exil lebend umschreiben. Aber das *Gefühl* bleibt das gleiche.

Denn wer einmal, aus welchen Gründen auch immer, fortgegangen und -geblieben ist, kann nicht zurück. Nicht später, nicht mehr, nicht wirklich. Das Wissen um die eigene Situation bringt in der Diskrepanz, der Distanz zwischen Landesgrenzen eine andere Person hervor. Selbst, wenn es uns im Alter wieder ins Land unserer Geburt zieht oder wir uns dort vorübergehend wieder niederlassen, wie ich hier im Verlauf dieser Darstellung … selbst dann wird der Ort nicht so sein, als wären wir nie fort gewesen. Auch ich habe am Ursprungsort eine Version meines Selbst zurückgelassen, und die erwartet mich am neuerlich aufgesuchten Bestimmungsort – doch die bin ich bei der Ankunft nicht.

Unlängst zu einer Neuseelandreise und zu Gesprächen über Heimat und Schreiben eingeladen, lag ich während der Tour in meinem Südinsel-Hotel auf dem Bett und dachte über das Thema nach. Daheim war es Herbst, dort, wo ich jetzt war, Frühjahr – wie die Klangkulisse vor dem offenen Fenster des sonnigen Nordzimmers verriet. Ich hörte Mädchenstimmen, schwatzend, lachend, Zurufe über die Straße hinweg ... Mädchen auf dem Heimweg von der Schule, ihre Uniformen zerknittert, die Kniestrümpfe schon in der Mittagspause bis zu den Knöcheln heruntergeschoben, um die mit Sonnenschutz eingecremten Beine für die langen heißen Sommermonate vorzubräunen. Die Mädchen hatten sich eingedeckt mit Süßigkeiten und Eis-Lollys – wie ich sie inzwischen nenne, weil ich in England lebe und sie dort eben so heißen, während ich früher, als ich selbst eines dieser Mädchen war, dazu noch Stieleis sagte.

Wie hätte ich, damals, draußen auf der grell besonnten Straße, ahnen sollen, dass ich zu der Frau im Hotelzimmer werden würde, die mir selbst da draußen lauschte? Was lag für ein Weg hinter mir, der je so gerafft werden könnte, dass die beiden eins würden, das Mädchen und die Erwachsene, mein einstiges und mein jetziges Selbst?

Nur als Schreibende kann ich beide übereinbringen. Kann ich ebenso das Mädchen mit dem rasch in die Tasche gestopften Schulblazer und der Sonnencremehaut sein, die ihren Freundinnen an einem warmen Nachmittag auf der Südhalbkugel ein «Bye» zuruft, wie auch die Frau auf dem Bett, die sich das Mädchen vorstellt und heimgekehrt ist, um über sie zu schreiben. Denn so erschreckend die Kluft zwischen damals und heute, hier und dort, so machtvoll ist die ungebremste Vorstellungs- und Schaffenskraft, die das Dazwischen mit einer anderen, ebenso eindrücklichen und unvergesslichen Realität zu beleben imstande ist, Städten und Welten, die wir hinter uns gelassen haben, den Straßen und Häusern und Räumen voller Bücher und Geschichten, die unsere Heimat ausmachen. In Worten, immer Worten, so wie es mir zuallererst Katherine Mansfield gezeigt hat: Zuhause ist *wirklich*, wohin du zurückkehrst.

I

– Mein Katherine Mansfield Projekt –

Sofort fasste ich Pläne für eine Reise nach Neuseeland ... im
Spätherbst ... Ich wünschte, ich könnte sie wahr machen. Es
würde mich über die Maßen freuen.
— Katherine Mansfield am 7. März 1922 an Ida Baker

Vor ein paar Jahren flog ich «heim» nach Wellington.
Ich reiste zunächst allein und holte später meine Töchter
nach. Es war Winter, ständig peitschender Regen, stürmi-
scher Wind – der kälteste Winter seit Jahren, sagten alle.
Ich hatte Pullover und dicke schwarze Strumpfhosen im
Gepäck. Ich hatte eine Art Umhang, den ich wie ein rie-
siges Schultertuch tragen konnte, denn in London hatte
mich kurz vor meiner Abreise panisch meine Schwester
aus Schottland angerufen und gewarnt: «Vergiss nicht,
wie kalt die Häuser in Wellington werden! Du weißt, es
gibt keine Zentralheizung! Bitte nimm auch für drinnen
warme Sachen mit, ich mache mir Sorgen. Warum *tust*
du das?»

Auf diese Frage wusste ich keine Antwort. Noch in der
Woche zuvor hatte ich in Dundee Kurse gegeben, und als
ich aus dem Seminarraum trat und über die weite Mün-
dung des Tay hinausblickte, hatte ich deutlich gespürt,
dass mit Riesenschritten der Sommer nahte. Das Licht
weitete sich zu einem herrlichen Blassviolett, umschmei-
chelte mit warmer, milder Luft, ich roch frisch gemähten

Rasen und den Fluss. Vögel sangen. Nach dem langen dunklen schottischen Winter herrschte ein Gefühl von Gnade, die Aussicht auf viele Abende wie diesen, sie würden sich hinziehen bis zur Tagundnachtgleiche, bis es kaum überhaupt dunkel würde. Wahrlich, was tat ich da, was begab ich mich aus dem Licht ans untere Ende der Welt, wo jetzt der Winter anbrach? Wo meine Schwester sich meinetwegen sorgen und wo ich einen weiten schwarzen Umhang brauchen würde, um mich zu wärmen? «Du solltest lieber nicht nach Wellington zurückkehren», hatte Merran schon am Monatsanfang gesagt. «Noch kannst du es dir anders überlegen. Ich halte es für keine gute Idee, dich dorthin zurückzuversetzen.» Und später, als ich an meinen Plänen festhielt, setzte sie noch einen drauf: «Ich kann es nicht richtig erklären, aber ich glaube, eine Rückkehr nach Wellington ... könnte für dich gefährlich werden.»

Und so beginnt dieses Werk, dieses Sammelsurium von Gedanken und Einfällen, das mir lange schon vorschwebt – eine Art Schmier- und Schreibheft, dem ich privat den Arbeitstitel «Mein Katherine Mansfield Projekt» gab –, das konkrete Gestalt aber erst annahm, als ich nach Wellington zurückkehrte, um an dem Ort einen Winter zu verbringen, wo ich geboren und groß wurde und wo auch Katherine Mansfield, die Schriftstellerin, der ich mich am stärksten verbunden fühle, herkam und entkam.

Angefangen hatte alles in London bei der ersten internationalen Mansfield-Tagung am Birkbeck College, wo ich mit Mansfield-Forschenden aus aller Welt zusammenkam und sprach; dort keimte die Idee zu diesem Projekt. Und mit der Chance, tatsächlich Zeit in Thorndon verbringen zu dürfen, ebendem Viertel von Wellington, aus dem Katherine Mansfield stammte, das sie in- und auswendig kannte, war lediglich weitergedacht, was mich überhaupt zu der Tagung hingezogen hatte – eine Total-immersion in das Wissen um die Autorin und ihre Welt. Ich schrieb Essays und Artikel, die in Neuseeland wie in Großbritannien veröffentlicht wurden, ich las sämtliche Erzählungen Mansfields noch mal und viel in ihren No-tizbüchern und Briefen. Ich traf andere, die zu Mansfield forschten, die lasen, studierten und analysierten, tauschte mich intensiv über alle Details ihres Lebens aus, ihren er-zählerischen Weg und ihr Heimatempfinden. Ich tauchte ganz und gar ein, suchte neben meinen literarischen Er-kundungen auch konkret Orte auf, aus denen sie ihre Geschichten gewoben hatte, Lebenswirklichkeit, die sie in Literatur verwandelte. Ich las, ich schweifte umher und dann – ritsch, ratsch, fix wie ein Faltschnitt – entstanden Ideen zu eigenen Geschichten und, Mal um Mal, Seiten erster Entwürfe, die zwar keineswegs Texten Mansfields ähnelten und von ihnen weder Schauplätze noch Figuren liehen, in denen aber dennoch Mansfield steckte, ein Ton, eine Anmutung, eine Farbe ... Es lag an Wellington.

«Für mich gefährlich»? Wieder dort zu sein, wie es meine Schwester meinte? Mich aus dem Sommerver-sprechen der nördlichen Hemisphäre zu reißen und ins Herz des finsteren Hügellands eines kalten Winters zu verpflanzen? Nun, das würde ich im Schreiben erfahren.

Also ja, ein Projekt, eine kritisch-kreative Suchbewe-gung. «Projekt» schien von Anfang an eine treffende Beschreibung für das Buch, das mir vorschwebte, eines, das auf eigene, auf *meine* Art ein Zwiegespräch mit Katherine Mansfield erlauben würde, von meinem eigenen Schreiben und meiner Kenntnis des Orts, aus dem sie und ich beide stammten, in einer Weise profitieren, die mir zu einem tieferen Verständnis sowohl ihres wie meines eigenen ästhetischen Anliegens verhelfen würde. Und auch wenn ich bald einsehen musste, dass ein solches Buchprojekt ein weit größeres, ein gewaltiges Unterfangen sein und eine gründlichere Erforschung fordern würde, als ich sie zu leisten vermag, mehr Zeit und Recherchen und gedankliche Reifung, so berührt mein «Projekt» doch einige Fragen, denen im Sinne jener anderen, umfassenderen Arbeit nachzugehen sich lohnen dürfte. Zwar bleibt also mein Arbeitsbuch notgedrungen unfertig, es «macht sich» aber quasi von selbst, entwickelt sich fort, bindet neue Momente faktischer wie fiktionaler Art – hier ein Stück, da ein Stück ...

All diese Überlegungen und textlichen Annäherungen, diese Sondierungen zu übergreifenden Themen und Motiven stammen aus den Wintermonaten, die ich in dem kleinen viktorianischen Cottage verbrachte, das Stipendiaten und Stipendiatinnen eines Randell Fellowship aus aller Welt zur Verfügung steht, ein Steinwurf entfernt nur von Katherine Mansfields einstiger Adresse, inmitten der Straßen und Hügel gelegen, in denen sie tagtäglich unterwegs war, träumte und fantasierte ... sie haben mir diese Seiten beschert. Mir genügt es für den Moment, aus einem so faktischen wie erschriebenen Ort diesen kleinen Band zu machen, von meiner Rückkehr zu dem Wellington meiner Vergangenheit zu erzählen, in mittlerem Lebensalter – wie das Mansfield selbst nie vergönnt war.

20

Hier also meine «Reise», mein «Puppenhaus», mein «Sonne und Mond», hier das, was bei meiner Rückkehr nach Wellington – Ort halb der Erinnerung, halb der Realität, halb der Fantasie, halb der Faktizität, mir erinnerlich und Traum zugleich – an Wechselspielen um Abschied und Wiedersehen, Sommer und Winter, Licht und Dunkel, Textfassungen zu Ort und Verortung, Heimat und Zeit entstand.

«Ja, doch, auch ich wünschte, ich könnte mit Dir heimreisen», schrieb Katherine Mansfield 1922 ein Jahr vor ihrem Tod in einem weiteren Brief ihrem Vater, wohl wissend, dass es dazu nicht mehr kommen würde. «Schon der Anblick eines ‹Überseekoffers› belebt meine Lebensgeister. Es hält mich kaum, ich wittere Seeluft. Nun, vielleicht darf ich, wenn es mir gelingt, über der Erde zu bleiben, in zehn Jahren ernstlich an ein solches Glück denken.» Mit dem «Glück» meinte sie ein Wellington, dem sie rund vierzehn Jahre zuvor unbedingt für immer den Rücken hatte kehren wollen. «Gehasst habe ich es», schrieb sie damals einer befreundeten Schriftstellerin. «Es war eine so enge kleine Welt, ich sehnte mich nach ‹meinen› Leuten, einem weiteren Horizont usw. Schließlich konnte ich mich aus dem Nest freistrampeln und gelangte nach London, mit achtzehn, im tiefsten angewiderten Herzen wild entschlossen, *niemals* zurückzukehren.»

Konnte dieses Wellington – «so ungemein charmant und schal» –, das sie persönlich nie wiedersah und doch unablässig in ihren Briefen und Notizen aufsuchte, das sie ebenso fürchtete, wie sie sich nach ihm sehnte, Bestimmungsort auch meiner Suche sein? Diese Reise, die ich unternehme und die ebenso sehr imaginative Neuverortung ist wie Lebenstatsache? Heimat als Mansfields Ort der Geborgenheit, des Vertrauten, all dessen, was in der Erinnerung fortlebt, als geliebter Ort. Heimat aber auch als Falle und Gefahr, als Ende.

Ich entsinne mich, kurz vor meinem damaligen Aufbruch aus Neuseeland vor vielen Jahren, als ich tatsächlich noch ein Mädchen, ein halbes Kind war, mit einem Rundfunkjournalisten verabredet gewesen zu sein, der als britischer Expat in Wellington lebte. Er hatte mich zu sich in den Sender gebeten – damals noch die New Zealand Broadcasting Corporation –, um über eine meiner Kurzgeschichten zu sprechen, die auf seine Initiative hin im Rundfunk gelesen werden sollte, und wir sprachen auch über meinen Fortgang. Er blickte aus dem Fenster und meinte, das Dumme an Wellington sei, dass man einfach nicht mehr wegkomme, die Geografie mache das unmöglich. Ja, es gebe eine Straße nach Norden und somit zum Flughafen, sagte er, zwei sogar ... aber das habe nicht viel zu besagen. Der Ort selbst sei wie geschaffen dazu, einen festzuhalten.

2

– *Die Reise* –

Die Picton-Fähre sollte um halb zwölf ablegen. Es war eine
schöne Nacht, mild, sternenklar, doch als sie aus der Drosch-
ke stiegen und den Alten Pier entlanggingen, der sich weit in
den Hafen hinein erstreckte, wehte ein leichter Wind übers
Wasser und fuhr unter Fenellas Hut, und sie hob die Hand,
um ihn festzuhalten. Es war dunkel auf dem Alten Pier, sehr
dunkel ...
— Katherine Mansfield, «Die Seereise»

In Wellington landete ich an einem schwarzgrauen
Samstagmorgen Anfang Mai mitten in einem Kaltfront-
durchgang, einem aus Süden heranfegenden «Buster».
Wind und Regen umtosten die sichtbaren Konturen des
Lands schon, seit ich die alte Heimat im ersten Morgen-
licht auf der Höhe von Auckland erblickt hatte, und als
das Flugzeug nun zum Landeanflug ansetzte und über die
Buchten von Makara und Island Bay hinwegschwankte,
bäumten die Wellen sich wie Seeungeheuer, wie die Buckel mächtiger Wale, Wellen «mit Zähnen», wie Katherine Mansfield einmal schrieb, warfen sich geifernd
gegen die Klippen der Küste. «Ihr war, als rasten wilde
Sturmseen über die Sandwüste ihres innersten Wesens
hin», heißt es in einem sehr frühen, «Night Came Swift-
ly» betitelten Erzählfragment. «Das lange Jahr wurde
fortgerissen und zerstob zu nichts.» Ich blickte durchs

Flugzeugfenster auf das brodelnde Meer unter mir, das ganz von der Antarktis heranbrandete.

Die Reise heim nach Neuseeland war mir diesmal länger vorgekommen als je zuvor. Sicher nicht zuletzt, weil ich in Heathrow schon erschöpft ins Flugzeug gestiegen war. Ich hatte bis zum letzten Moment in Schottland unterrichtet, hatte schnell nach London fahren müssen, um in unserer dortigen Wohnung alles zu regeln, um unseren altersschwachen roten Kater mehrfach zum Tierarzt zu bringen, damit sein Medikament auch sicher für die gesamte Dauer meines Aufenthalts in Wellington reichen würde. Ich musste Wintersachen vom Dachboden holen, musste die Mädchen, meine Töchter, durch ihre Quartalsschularbeiten lotsen, musste dafür sorgen, dass auch ihre Jeans und Pullover und sonst alles Nötige für ihre spätere Ankunft eingepackt wurde ... Und während sich auf dem Fußboden die Pullover und Mäntel und Schals häuften, wurden die Tage immer wärmer, die Abende heller. Schien der Flug diesmal deshalb endlos, weil ich das Frühjahr gegen den Herbst eintauschte? Ein besonders bitterer Tausch, einer Sonne den Rücken kehren zu müssen, die in den Londoner Parks gerade die Knospen aufbrechen ließ und uns die Zeit wiederschenkte, da wir Fenster offenlassen und Kinder draußen spielen hören könnten. War es die schlichte Tatsache, den Winter erneut vor statt hinter mir zu wissen, die aus den sechsunddreißig Stunden eine Odyssee aus Tagen und Nächten und Tagen machte, eine Reise, die sich anders anfühlte als jeder bisherige Neuseeland-Trip, die mich in Hongkong benommen und todmüde ins Terminal entließ, und Wellington noch endlos fern.

Woran es auch gelegen haben mag, ich saß Stunde um Stunde im Flugzeug – ohne wirklich lesen oder schreiben zu können. Ich war nicht imstande, einen der Bordfilme zu schauen, in Zeitschriften zu blättern oder mich zu unterhalten. Ich saß einfach da, ließ meine Abreise Revue passieren, ging in Gedanken wieder und wieder mein Gepäck durch, Ankunftszeiten, Termine in meinem Kalender, das eingepackte Projektmaterial. Irgendwann, noch in London, waren Taschen aufgeplatzt und hatten sich Bücher und Unterlagen über den Schlafzimmerboden ergossen, war der alte Kater in die Ecke des großen schwarzen Koffers gekrochen, den ich mitnehmen wollte, und eingeschlafen. Ich saß wie gelähmt da, wachte über ihn und wusste definitiv, dass er das Ende nahen fühlte und ich ihn, wenn ich London verließ, nicht wiedersehen würde.

«Was machst du da, Mum?», hatte meine Tochter Katherine gefragt, als sie ins Zimmer trat und mich reglos dasitzen sah. Ich hatte vor der Abreise noch so viel zu tun – verschiedene Leute zu treffen, Bücher vorauszuschicken, E-Mails zu den Einzelheiten meiner Ankunft zu schreiben ... Im Haus herrschte Chaos.

«Sieh nur, wo Magnus steckt.» Ich schlug einen Pullover im Koffer zurück und zeigte es ihr. Er lag eng zusammengerollt da, rührte sich nicht, schlief tief und fest. Wochen später, als ein zierliches graues Kätzchen begann, unser Cottage in Wellington zu besuchen, und Magnus tatsächlich gestorben war, kam Katherine noch mal auf diesen Moment zu sprechen.

«Er ist damals in deinen Koffer gestiegen, weil er mitwollte», sagte sie. «Es ist unfair, dass wir ihn nicht mitnehmen durften, so, wie wir hier wohnen. Er hätte bei uns bleiben müssen, Mum. Wir hätten ihn nicht dalassen dürfen.»

Stimmt, Katherine. Es ist ungerecht, wie viel wir nicht mitnehmen können, wenn wir einen vertrauten Ort verlassen, den Ort, der alles fasst, was unser Leben ausmacht. Damals vor langer Zeit, als ich in jungen Jahren aus Wellington aufbrach – «Für immer!», sagte ich mit den Worten einer meiner Figuren, «Ich komme nicht wieder!» –, hatte ich in einem ähnlich chaotischen Schlafzimmer gesessen wie diesem bei uns in der Portobello Road. Überall Kleidungsstücke. Offene Reisetaschen. Auf dem Fußboden Listen, Bücher, Zeitschriften ... Auch damals hatte ich mich nicht rühren können, hatte es mir die gleiche bleierne Schwere unmöglich gemacht, Entscheidungen zu treffen oder praktisch zu handeln, und meine Schwester hatte ein Foto von unserem getigerten Kater Stranger aufgenommen, der in einer der Taschen kauerte und sich nicht wegbequemen wollte. Das Bild haben wir immer noch irgendwo, Merran und ich, und wir betrachten es gern – der anderen Details wegen. Der Art von Teppich damals daheim in unserem Schlafzimmer; der Poster an den Wänden; des Make-ups auf der Frisierkommode; des halb fertigen Satinrocks mit den Petticoats, von dem Merran meinte, er könne in Oxford als Ballkleid durchgehen. Sie trug an dem Tag selbst so etwas – Satin mit zig Unterröcken –, wie vermutlich auch ich. Wir bestanden damals aus nichts als Träumen, wir alle, wir Wellington-Mädchen, kauften uns Monat für Monat die *Vogue* und suchten entlegene Ecken von Neuseeland auf, die für unser

Gefühl an Europa, England oder New York erinnerten. Nichts als angelesenes Zeug und eine blühende Fantasie, Bücher und Filme und Musik.

Andere Städte, andere Leben. Natürlich glaubte ich, entkommen zu müssen. Den Ort hinter mir lassen zu müssen, wo alles Wissenswerte offenbar von woandersher stammte und jede neue Nachricht uns nur darauf stieß, wie wenig bei uns daheim geboten war, wo gleich am Ende der Straße die Wildnis begann, der Busch – in dem Park, der eben kein englischer Park war, egal, wie viele Magnolienbäume oder Rosenbeete man aufbot; in dem Vorort mit einem «Dorfplatz» zum Einkaufen, der mit Dorf nicht das Geringste zu tun hatte; in einem Ort, der angeblich eine Stadt war, aber nur, wenn man sich auf die paar Straßen im Zentrum beschränkte. Sobald man die Augen nämlich von einem bestimmten Ausschnitt des Panoramas wandte, auch nur vorübergehend ein bestimmtes Kaufhaus, ein Café, eine Promenade aus dem Blick verlor – sämtlich Charakteristika, die in der Tat importiert und im Herzen Wellingtons recht erfolgreich nachgeschaffen worden waren –, stand einem schon wieder das subtropische Buschland vor Augen, boten sich dem Blick wilde Hügel und dahinter wüstes, donnerndes Wasser, von der Strömung über endlose Weiten herangetragen, um sich an diesen entlegenen Küsten zu brechen. Natürlich musste ich weg. Natürlich musste ich sagen: «Ich komme nicht wieder!»

Und das hat natürlich auch Katherine Mansfield gesagt. «Dem leidenschaftlichen und launischen jungen Mädchen», schrieb 1953 der Neuseeländer Dan Davin im Vorwort zu einer Auswahl ihrer Kurzgeschichten, «galt

Wellington als denkbar schlimmste hinterwäldlerische Strafe.»

«Mir stürzen meine Luftschlösser ein, seit Vater wieder hier ist», hatte die junge, gleich nach ihrem Abschluss am Queen's College in der Londoner Harley Street wieder ans unzivilisierte Ende der Welt geschleifte Mansfield einer Freundin aus Thorndon zu ihrer Absicht geschrieben, unbedingt wieder nach London zu gelangen. «Verrate ihm nichts – von meinen London-Plänen – ich bitte Dich – das ist ein heikles Thema – aber – ich MUSS – komme, was wolle.» Eine ganz ähnliche Grundstimmung, nämlich die der Unausweichlichkeit eines endgültigen Aufbruchs, eines schwierigen Verhältnisses zwischen den Beteiligten, eines zum Abschied gezwungenen Vater-Tochter-Paars, herrscht in der weiter oben zitierten Geschichte «Die Seereise»: «... und in dem Moment kam die Picton-Fähre in Sicht. Wie sie an dem dunklen Pier lag, über und über mit runden goldenen Lichtern behangen und geschmückt, sah die Picton-Fähre aus, als wollte sie lieber zu den Sternen reisen als übers kalte Meer.»

Doch ist der Abschied auch Wiederkehr. «Ich kenne das literarische Treiben zur Genüge», schrieb Mansfield gegen Ende ihres Lebens. «Nur war ich in den letzten vier, fünf Jahren krank ... und erst in diesen Jahren war ich wirklich imstande zu arbeiten, und stets kehrte ich im Denken und Fühlen nach Neuseeland zurück – entdeckte, erlebte es neu, erkannte die Schönheit.»

In ihrem Vorwort zu der neuen Ausgabe der *Collected Fiction of Katherine Mansfield* bemerken die Herausgeber Gerri Kimber und Vincent O'Sullivan: «Zwischen der ersten von Katherine Mansfield verfassten Geschichte, die 1898 in einer Schülerzeitung erschien, und einer letzten unfertigen, zu Lebzeiten nicht mehr veröffentlichten vom Juni 1922 liegen vierundzwanzig Jahre. Diese letzte Erzählung, geschrieben in den Schweizer Alpen, war in ebender Straße in Wellington angesiedelt, in der sie wohnte, als sie die erste begann und von England träumte.» Denn sie war in der Tat gegangen und nie wiedergekommen, nicht wahr? Und doch wohnte dem, was sie über den Ort schrieb, auch stets sie inne. «Es ist ein kleines Städtchen und säumt einen Hafen, der schön und tief ist wie ein See. Dahinter, zu beiden Seiten, Hügel. Die Häuser, leichte Holzhäuser, sind bunt gestrichen. Alle haben rote Wellblechdächer. Und überall stehen große dunkle Bäume in dichten Gruppen zusammen, wie mächtige Federbüschel ...»

«Wenn ich anfangen wollte, Dich nach dem Leben in Wellington zu fragen, fände ich kein Ende», schrieb sie in den letzten Wochen ihres Lebens an ihren Vater. Ich sehe sie, Füller in der Hand, auf ihrem Bett in Fontainebleau von dem Bogen hochblicken, als erspähte sie gleich dort hinter dem Fenster die Tinakori Road, sähe hinter dem französischen Garten einen anderen Garten und hinter diesem unten am Hang die hingewürfelten roten Wellblechdächer. «Wenn ich anfangen wollte, Dich nach dem Leben in Wellington zu fragen ...»

Und da war nun ich, saß im Flugzeug und sah im Landeanflug ebendieses Wellington auftauchen, nicht entschwinden. Langte wieder am Ort meiner Anfänge an.

Unter mir tobte das aufgewühlte graue Meer, erhaschte ich flüchtig ein Blick auf Strände, Felsen, Häuser. Das Flugzeug sackte schlingernd durch die Regenschauer, der

Kapitän verkündete mit breitem neuseeländischem Akzent, es «wehe» etwas und wir möchten uns doch zur Landung bitte anschnallen. Das Flugzeug bockte. Wann hatte mir je eine Ankunft solche Angst bereitet? Angst, selbst der Wind habe es auf uns abgesehen. Und das «Wehen», einer jener heftigen Stürme aus Süden wie der, der in meinen Kindertagen die *Wahine* aufs Riff getrieben hatte, werde uns hinabschleudern auf die Erde. Das Ziel werde verfehlt und das Flugzeug querab von Neuseeland sonstwohin verschlagen werden. Und dann die andere Sache, die nicht etwa Vorahnung einer Katastrophe war, zu der es nie kommen würde, aber doch ganz real, eine Warnung.

Was tust du da?, tönte mir die Stimme meiner Schwester im Ohr. Als hätte ich ein ganzes Leben in dem Flieger verbracht, als hätten die Stunden zwischen London und Hongkong, Hongkong und Auckland, Auckland und Wellington sich zu Aberhunderten Stunden vervielfacht und hielten mich endlos hin. Als wären die Zeitzonen, die Datumsgrenze, die Umkehr der Jahreszeiten – diese normalen, enormen Effekte – nichts gegen die Zeit, die ich hatte aufwenden müssen, um von der einen Hemisphäre in die andere zu gelangen, einer Stadt, einer Welt in die andere Stadt, die andere Welt. Ich hatte ein Leben in diesem Flieger zugebracht, und nun war alles, was sonst real war – meine Wohnung in Notting Hill, mein Mann, meine Töchter, meine Freunde, mein von Büchern, Gesprächen, Begegnungen bestimmtes Leben, alles, was ich in London hinter mir ließ –, jetzt, da ich mich Wellington näherte, fort und nie mehr zu haben.

Das glaubte jedenfalls Katherine Mansfield: dass wir

das eine nur kriegen, wenn wir das andere lassen. Obwohl ihr literarisches Schaffen mit einer in einem Londoner Salon angesiedelten Geschichte begann und mit einer sich in der Tinakori Road am anderen Ende der Welt zutragenden Geschichte endete, wie es Gerri Kimber und Vincent O'Sullivan ganz richtig bemerkten, wusste sie, wusste ich: Wir konnten über all das schreiben, so oft wir wollten, konnten versuchen, im Kopf beide Orte gleichzeitig zu realisieren – aber faktisch, physisch konnten wir nur an einem der beiden Orte auf einmal sein, und *da* sein, nur das war real, oder? Um nach Wellington zurückkehren zu können, hatte ich ebenso auf London verzichtet wie damals vor vielen Jahren für London auf Wellington. Es gab kein Dazwischen.

Was also tat ich da? Der Philosoph Paul Carter sagt, wenn die Emigrationsbewegung erst eingesetzt hat, kommt sie nicht mehr zum Stehen. Nach seiner Auffassung und Verwendung des Begriffs «migratorische Poetik» im Werk *Living in a New Country* befinden sich die, die im Zuge eines tatsächlichen oder metaphorischen Aufbruchs das Land wechseln, über kurz oder lang in einem andauernden Übergangsstadium. Kam mir der ANZ-Flug von Heathrow nach Auckland deshalb so vor wie ein ganzes Leben? Die Reise deshalb so endlos lang? Weil ich gewissermaßen eine Art, in der Welt zu sein, gegen eine andere eintauschte? Weil Gewissheiten, die ich im Laufe von dreißig Jahren mühsam erlangt hatte, sich mit jedem Kilometer stärker auflösten, sich zum unbeschriebenen Blatt der Ankunft radierten? Als würde ich mich, indem ich meinen Aufbruch aus Neuseeland vor so vielen Jahren nun andersherum vollzog, auf immer zum Aufbruch verurteilen, dazu, nie wieder wirklich an-zukommen.

Jetzt taumelte das Flugzeug der Rollbahn entgegen, wippte bedenklich durch sturmgraue Wolken und peit-schenden Regen, so sehr vom Wind gebeutelt, dass wir ordentlich durchgeschleudert wurden. «Als wäre ich auf dem Rücken einer Möwe gelandet!», sagte ich in der Ankunftshalle zu meinem Empfangskomitee, den bei-den neuseeländischen Autorinnen Mary McCallum und Fiona Kidman. Was für eine Erleichterung nach so ei-nem Flug. Und wie schön, sie zu sehen, wie schön, da zu sein, beteuerte ich – als Randell-Stipendiatin noch dazu. Großzügig mit Fördermitteln und Zeit bedacht, würde es mir bei meinem Aufenthalt in Wellington möglich sein, in Ruhe zu überlegen und zu schreiben; unweit vom Stadtzentrum würde ich mich in einem reizenden klei-nen Cottage aus der Kolonialzeit dem Mansfield-Projekt widmen können, von dem ich schon mein Leben lang träume.

«Willkommen daheim!», sagte Mary und brachte mich nach Thorndon zu dem Häuschen, das für die kom-menden Monate mein Zuhause sein sollte. In Thorndon! Dem Stadtteil, in dem Katherine Mansfield geboren und aufgewachsen war. In dem meine Mutter immer hatte wohnen wollen und in dem ich, weil ich in allem sein wollte wie sie, ebenfalls immer hatte wohnen wollen. «Danke!», sagte ich zu Mary, als sie mich absetzte, mir Telefonnummern nannte, die Schlüssel erklärte und wie alles funktionierte, Vorschläge machte, was ich unterneh-men und wohin ich gehen könnte, «danke!» Hier bitte: im Kühlschrank Vorräte, Wein; hier bitte: der Wäscheschrank; hier bitte: die Heizung. Und hier bitte: Bücher. Teller. Gläser. Schreibtisch. Papier. Bitte sehr. Bitte sehr. Und «Danke», sagte ich abermals, «danke, danke.»

Als sie fort war, wirkte die Stille in dem kleinen Haus immens. Trotz des Winds draußen. Des Regens. Ich spürte sie rings um mich her, sie beanspruchte weit mehr Raum, als die Räume des Cottage boten, machte sich enorm in meinem Körper breit, Stille dicht an meinem Herzen. Bedächtig, als könnte etwas zu Bruch gehen, begann ich Reißverschluss um -verschluss, Schnalle um Schnalle Koffer und Taschen zu leeren. Bedächtig, betont langsam. Ich konnte kaum atmen. Draußen drosch der Wind wütend auf den Roten Neuseeland-Flachs im Vorgarten ein. Das hatte ich vergessen: wie sich der Flachs hierzulande in Wind und Regen windet. Als würde er verprügelt. Auf ihn mit Gebrüll! Da hast du! Als sauste er vor Gürteln und Riemen. Ich packte einen Pullover aus. Ein Buch. Dies hierhin. Das dorthin. Da hast du!, fauchte der Wind. Er rüttelte an den kleinen Fenstern. Lass mich rein! Aber ich würde nicht öffnen. Ich machte Licht, vertrieb das Dunkel des Nachmittags. Ich holte Luft. Und noch mal.

In Mansfields Erzählung «Die Seereise» wird ein Sturm auf See geschildert, den wir als Leser eher diffus aus der krausen kindlichen, lückenhaften Perspektive der kleinen Fenella erleben, die nachts über das dunkle Meer fährt. Es ist eine kunstvoll aus flüchtigen Eindrücken dieser Kinderseele konstruierte Geschichte, deren Schwere und Trauer wir als erwachsene Leser fragmentarisch erfahren:

Er sah ihr nicht ins Gesicht. Er schob sie sanft fort, und sanft sagte er: «Das werden wir sehen. Hier! Wo ist deine Hand?» Er drückte ihr etwas in die Hand. «Da hast du einen Shilling, falls du mal etwas brauchst.»

Ein Shilling! Sie mußte wohl für immer fort! «Vater!», rief Fenella. Doch er war schon fort. Er war der letzte, der von Bord ging. Die Matrosen holten die Laufplanke herein. Eine große schwarze Taurolle flog durch die Luft und fiel «plumps» auf den Pier. Eine Glocke bimmelte; eine Pfeife schrillte. Lautlos geriet der dunkle Pier in Bewegung, fing an zu gleiten, trieb fort von ihnen. Nun rauschte Wasser zwischen ihnen. Fenella versuchte angestrengt, etwas zu erkennen. «Ist das Vater, der sich umgedreht hat?» Oder winkte er? Oder stand er da allein? Oder ging er dort?

Fenella wird nach Übersee gebracht, weil ihre Mutter tot ist und ihr Vater nicht für sie sorgen kann. Sie fahren durch die Nacht, und es ist kalt. Aus Sicht des Kindes erscheint uns die Reise durchaus auch aufregend, wie denn nicht? Sie reist im Dunkeln, die Lichtpunkte des Hafens sind wie Feenlichter, die ganze Fahrt ist ein Abenteuer, birgt aber auch Schrecken – das Schiffshorn ist ein wüstes Geheul: «Da plötzlich, so plötzlich, daß Fenella und ihre Großmutter beide zusammenfuhren, ertönte hinter dem größten Wollschuppen, über dem eine Rauchfahne hing: *Mia-uu-uu-U-U!*» Die Reise selbst wird – hinsichtlich Abgangs- und Bestimmungshafen – nicht explizit in einen neuseeländischen Kontext gebettet. Wie oft bei Mansfield bleibt auch hier die Erzählung bewusst ortlos. Neuseeländische Leser erkennen die Picton-Fähre, die Cookstraße natürlich sofort, doch für eine Zeitschrift in London, die eventuell zum Abdruck bereit sein würde, für ihre Londoner Freunde und Leser gab Mansfield ihrer Geschichte einen Rahmen, der ebenso gut einem britischen Schiff in britischem Gewässer dienen konnte, einer britischen Familie an Bord beim letzten Adieu. «Gott mit dir, Mutter!», hört Fenella ihren Vater sagen. «Und Großmama legte die Hand mit dem schwarzen Zwirnhandschuh, der am Ringfinger durchgewetzt war, an seine Wange und schluchzte: ‹Gott mit dir, mein lieber, tapferer Junge!›»

Es ist eine niederschmetternde kleine Geschichte. So verhalten. So sparsam skizziert, wie «Fenella ihnen schnell den Rücken zukehrte».

So minutiös festgehalten in Momentaufnahmen einer gefährlichen seelischen Reise, gespiegelt im Rollen und Stampfen eines Schiffs über ein an der Peripherie der Geschichte kalt und endlos lauerndes schwarzes Meer. Zeit und Bericht in Bruchteilen –

Eine lange Zeit verging. Dann kam die Stewardeß herein; sie trat leise ein und lehnte die Hand an Großmamas Koje. «Wir fahren gerade in den Sund ein», sagte sie. [...] Es ist eine schöne Nacht, aber wir sind ziemlich leer. Es könnte sein, daß wir ein wenig stampfen.»

Und tatsächlich wurde die Picton-Fähre in diesem Moment hoch und höher gehoben und blieb gerade lange genug in der Luft hängen, um kurz zu erzittern, und dann ging es wieder hinunter, und man hörte das schwere Wasser an die Schiffswände klatschen.

Als Erstes packte ich am Nachmittag der Rückkehr nach Wellington meine Mansfield-Bücher aus. Holte Luft. Und noch mal. *The Selected Stories. The Collected Stories. The New Zealand Stories.* Die letztgültige Ausgabe der letzten Briefe. Einen Fotoband der Häuser Thorndons Ende des neunzehnten Jahrhunderts. Mansfield hier. Mansfield dort. Und langsam, Stunde um Stunde – ich verfolgte es auf der Uhr – neigte sich der Nachmittag dem Abend zu. Ich machte mir Tee. Ich gönnte mir das Stück Kuchen, das Mary und Fiona mir überreicht hatten. Ich wurde müde. Jetlag. In London schliefen sie jetzt alle. Ich trank meinen Tee. Ich legte in meinem Projekt-Heft eine Liste zu erledigender Dinge an. Ich wollte aufbleiben, bis in Wellington Abend wurde.

«Kümmern um:», schrieb ich oben auf die Seite.

Telefonnummern, die ich brauchen würde …

Anderes, was ich brauchen würde.

Supermarkt.

Drogerie.

Währenddessen vergingen die Minuten, eine um die andere, und die Stille griff um sich und wurde geradezu anheimelnd.

Ich machte mir etwas zu essen. Ich machte das Bett.

Holte Luft. Noch mal.

Ich ging schlafen.

Dann, mitten in der Nacht, wachte ich auf. Der Regen hatte nicht nachgelassen, auch nicht der Wind. Ich war nicht mehr in London. Ich war in Thorndon, in einem kleinen Cottage an den Hängen von Wellington, und es war tiefe Nacht.

Ich machte Licht und begann zu schreiben …

DIE LANDUNG

Plötzlich stand ihr der Vater vor Augen: Er war im Dingi aufgesprungen; das kleine Boot krängte und kippelte. Neben ihr sackte das Meer weg, die Bordwand des Boots aber schoss hoch.

«Heda!»

Ja, er war es, der Vater, brüllte ihren Bruder an, der sich weiter hinten vor dem Wellentanz tief ins Boot duckte, als wollte er sich zum Verschwinden bringen.

«Heda!»

Jetzt hatte sie auch den Ton im Ohr, die laute, laute Stimme, ihr Vater in seinen ollen Armeeshorts und stets ohne Hemd, egal, wie ihm der Wind ins Gesicht peitschte und die Gischt klatschte, wie er sie und Jack anbrüllte, sie sollen die Angeln einholen, schnell! Da habe was angebissen, gewaltig! Der sich so weit über Bord lehnte, um seinen Faden-Stopper zu lösen, dass Elisabeth glaubte, jeden Moment lägen sie alle im Wasser.

Tatsächlich war es der schlingernde Höllenritt ihres Fliegers.

Sie blickte zum kleinen Rundfenster hinaus in eine Wolkenwand. Unten war rein gar nichts zu sehen, keine Landmarken, kein Anhalt, wo die Stadt im Verhältnis zu irgendetwas sonst liegen mochte, und da –

Passierte es wieder. Sackte sie ab, dass sich ihr der Magen umdrehte – als fiele der Flieger wie ein Stein vom Himmel, dann aber sah sie durch Wolkenschwaden stahlgraues Wasser aufblitzen. Ziemliche Brecher, in der Tat. Das war ein anderer Ausspruch ihres Vaters: «Vorsicht, Brecher.» Wie «Heda!» Wie «Aufgepasst!» Wie

der Spruch des Kapitäns vorhin, als er sie per Bordan-
sage gebeten hatte, sich möglicher Turbulenzen wegen
anzuschnallen – nur hatte er sich anders ausgedrückt.
Es «wehe» etwas, hatte er gemeint. Er habe gehofft,
von der Cookstraße her anfliegen zu können, doch der
Wind habe gedreht, er blase aus Süden – und alles an
seinen Worten hatte für Elisabeth so gefährlich und
unvermittelt geklungen wie der Moment, da ihr tief
braungebrannter Vater ohne Vorwarnung im Dingi aufsprang, die Angelschnur straff und an ihrem Ende ein
Monsterfisch, der sich unter das Boot in die Tiefe zu
retten suchte, so weit von ihnen weg wie nur möglich.

Wieder blickte sie aufs Meer hinaus, dasselbe Meer.

Kälter vermutlich als damals. Ja, vermutlich kälter. Auf
jeden Fall wilder, dem Anblick nach. Dort, wo die Wolken kurz aufrissen, erschienen auf dem Wasser Tupfer
von reinstem Weiß, wie Rücken, aber wovon – Walen?
Kalmaren? Es war der Wind. Er wühlte die See auf, schob
und stauchte sie derart, dass sie den Tumult noch von hier
oben im Flieger mitkriegte. So rau ging es dort unten zu,
weit draußen wo ihr Vater früher sein kleines Boot hin ge-
rudert hatte, das kleine Holzdingi, an Bord sie und Jack.

«Alles in Ordnung hier bei Ihnen?»

Die Stewardess schob sich bedächtig durch den Gang,
obwohl der Kapitän auch die Crew aufgefordert hatte,
für die Landung ihre Plätze einzunehmen. Landung! Als
könnte man in einem solchen Tohuwabohu landen, dachte Elisabeth, wo es so «wehte», doch vor ihr versicherte
die sanfte polynesische Stimme den Passagieren tatsächlich, in zwei, drei Minuten seien sie wieder auf festem
Boden.

«Es windet nur etwas.» Die Stewardess wandte sich noch einmal Elisabeth zu, lächelte und beugte sich zu ihr hinab. «Alles okay?»

Elisabeth nickte, doch ihr «Ja» fiel etwas gepresst, etwas grimmig aus.

«Sicher?»

Das volle, gütige Gesicht der Frau über ihr: wie das einer über ihr Kind gebeugten Mutter. Ihre dunklen Augen bohrten sich in ihre. Erneut beugte sie sich herab, noch dichter diesmal. Sie stützte sich auf Elisabeths Armlehne.

«Sie haben vergessen, wie es ist, nicht wahr? Bei diesem wilden Wind heimzukehren …» Dann wandte sie sich ab und setzte ihren Gang fort, eine hochgewachsene, leicht vorgeneigte Gestalt, als machten ihre Größe und Statur sie verlegen.

«Keine Sorge», hörte Elisabeth sie zu jemanden sagen. «Wir bringen Sie sicher runter. Wir bringen Sie heil nach Hause.»

Nach Hause.

Vor vielen langen Flugstunden – die Maschine war in Hongkong kaum wieder gestartet –, hatte ein paar Sitzreihen weiter hinten eine junge Frau gar nicht mehr aufhören können, von der Heimkehr zu schwärmen.

«Und die Farben erst!», hatte Elisabeth sie in überlaut aufgeregtem Ton erklären hören. «Die sind daheim so viel intensiver! Als wären nicht nur der Himmel und das Licht heller! Sondern sogar die Häuser!»

Ihre Ausführungen hatten bei ihren Sitznachbarn keine merkliche Reaktion hervorgerufen. Es war kein «Tatsächlich?» oder «Erzählen Sie!» zu vernehmen. Das hatte die junge Frau aber nicht beirren können.

«Weil ... in London, wissen Sie», fuhr sie fort, «sind die Gebäude alle einfach grau. In London gibt es keine richtigen Farben, nur graue Straßen, braune oder rotbraune Ziegel und an den Bäumen das bisschen Grün.»

Elisabeth musste bei der Erinnerung an die Beschreibung schmunzeln. Ihr gefiel die Präzision, die Kinderpingeligkeit – denn sie hatte recht, die junge Frau, oder nicht? Was das Grau der Straßen und das Rotbraun der Backsteinfassaden in Mayfair und am Sloane Square betraf, die herrlich gedämpften Grüntöne der Abermillionen Blätter an den sie beschirmenden Platanen. Und wie gediegen, das alles. Jene fernen sanften Farben. Die junge Frau hatte sie ihr in Erinnerung gerufen, zusammen mit dem Ort, den sie verlassen und das viele, was sie mit ihm zurückgelassen hatte.

«Während in Neuseeland ...», hatte die junge Frau zum Schluss gemeint, «leuchtet alles so bunt! Als hätte jedes Haus eine andere Farbe!»

Doch Elisabeth hatte nie in einem bunten Haus gelebt, nicht? Das Haus ihres Vaters war weiß und grau gewesen. Und ihr Vater hatte mit London nichts am Hut gehabt. Sicher an London kaum einen Gedanken verschwendet.

«Tu, was du nicht lassen kannst, Mädchen», hatte er zu ihr gesagt. «Geh nur, wenn du das willst.»

Wozu hätte er sich auch über einen so fernen Ort Gedanken machen sollen? Der ging ihn nichts an. Er brauchte nirgends sonst zu sein als da, wo er war. Bei seinem Job, seinem Heim und seiner *bach*, der Strandhütte in Makara ... gute Gründe zu bleiben, und dazu die Brecher für sein Dingi.

«Mach du nur», hatte er zu ihr gesagt. «Mach dir

meinetwegen keine Sorgen. Dein Bruder wird sich schon um mich kümmern. Mach dir keinen Kopf.»

Und das hatte sie nicht. Jahrelang nicht. Auch nicht bei ihrer Anreise damals vor langer Zeit zu seiner Beisetzung, und selbst da nicht sonderlich. Auch nicht ...

Dem Schlingern, dem Sacken.

Da war er wieder.

«Heda!»

Und sie glaubte in ihrem Flugzeug, sie würde über Bord ins Meer gekippt.

«Bereit zur Landung.» Die Stimme des Kapitäns verkündete es sehr bestimmt, sich seiner Sache und der schmalen Rollbahn dort unten unter den Wolken sehr sicher.

Elisabeth schloss die Augen. Alles schien weit weg. Wo sie herkam. Wo sie hinkam. Und weshalb sollte sie ihrem Vater auch je gefehlt haben? Wo er doch alles hatte, was er brauchte, wo es doch keine Sehnsucht gab, weil alles, wonach er sich sehnte, längst weg war. Er war geblieben, wo er hingehörte, oder? Er hatte nicht weggewollt, oder? Doch jetzt, wo sie fortgegangen war, mit seinem Segen, und fortgeblieben, war sie sich nicht mehr so sicher, plötzlich, dass es so einfach war. Und jene Straßen, jene Bäume ... jene grauen und rotbraunen Orte ... Als wären sie verschwunden, futsch, verloren in einem anderen Land, jenseits der ganzen Länder, die sie überflogen hatte, der Meere dazwischen, als wäre nur noch der Ansturm des Flugzeugs gegen die Wolken real. Sie spürte die Kraft, das Gewicht.

«Mach dir meinetwegen keinen Kopf», hatte ihr Vater gesagt – und sie spürte, wie das Flugzeug weiter ihrem

Bestimmungsort entgegensank, ihn in den Wolken mit Signal- und Blitzlichtern vorwegnahm – und sich wieder dem gewidmet, was er eben so tat, nachts Dienst auf Fähren schieben, die Wochenenden in seiner kleinen Hütte am felsigen Strand verbringen. Jack war erwachsen geworden und in die USA übersiedelt, seine E-Mails, wenn die sie erreichten, endeten genauso, wie einst ihr Vater geredet hatte ... *Mach dir meinetwegen keine Sorgen, ich komme schon klar ...*

Sie beide jetzt – ganz nah. Jack zusammengekauert hinten im Dingi, wie ihm befohlen, ihr Vater im Bug, die weißen Zähne im wettergegerbten Gesicht wie vor Schmerzen zu einem Grinsen gebleckt, als würden seine Arme vom Gewicht an der Angel überstreckt, und der dunkle Zug des Meers, der sie alle in die Tiefe riss.

Bei einem Wind, der sich gedreht hatte und aus Süden blies ...

Und der Temperatursturz ähnlich dem damals, als der Vater ihr und Jack eröffnet hatte, die Mutter sei tot.

«Sie ist weg. Das war's. Die Ärzte können nichts mehr für sie tun.»

Auch so ein «Buster», Umschwung. Umschlag.

War den langen gebohnerten Flur hinabgegangen, hatte sie und Jack im Krankenhaus stehen lassen, links und rechts an der Hand einer ihnen unbekannten Schwester.

«Wie alt seid ihr denn, ihr zwei?», hatte sie gefragt. «Wie heißt ihr denn?»

Nach Hause.

«Heda! Los!»

Der Vater war stehen geblieben, nicht? Ganz am Ende der blanken Linoleumbahn hatte er sich umgesehen und gebrüllt: «Na los! Ihr zwei! Tempo! Hier haben wir nichts mehr verloren!»

Jetzt bockte das Flugzeug wieder, und bald schon sah sie Autos und, ja, die kleinen Häuser in den vielen verschiedenen Farben. Rot. Grün. Violett. So viele Farben hinter Wolken und, als sie auf der Erde aufsetzten, dahinter das Meer und der heulende Regen.

–

Mir hat immer gefallen, wie Mansfield den Gefühlston eines Moments – einer Erinnerung, Empfindung oder Erwartung – und sein genaues Gegenteil in einem konkreten Detail zu verbinden versteht. Wie in der «Seereise» die große schwarze Taurolle «plumps» auf den Pier fällt, und wie dieser und nicht etwa das Boot davongleitet. Das ist, als habe sie sich vorgenommen, es «neu zu machen», bevor die Losung überhaupt ausgegeben war. Nur ist ihre Art Neumachen nicht die «Wortmaschine» der modernistischen Poetik eines William Carlos Williams. Bei ihr ist es eingefangene Lebenswirklichkeit, die treffende Beschreibung von Dingen, die sie gut kennt, die sie aufs Papier bannt, damit sie ihr und uns frisch entgegenblicken und verblüffen.

«Von welcher Art sie ist?, fragst du», schrieb Mansfield ihrer Freundin Dorothy Brett 1917 zu der langen Kurzgeschichte, die dann unter dem Titel «Vorspiel» erschien. «Soweit ich weiß, habe ich die Form neu erfunden. Die entscheidenden Merkmale? Kann ich nicht ohne weiteres sagen. Aber mal ganz unter uns: Ich bin schlicht besessen von der Insel meiner Geburt ... Ich weiß noch, daß ich dort frühmorgens stets das Gefühl hatte, die kleine Insel tauche nachts regelmäßig ins tiefblaue Meer ab und steige im ersten Licht wieder auf, benetzt und irisierend vor glitzernden Tropfen – ... diesen Moment wollte ich einfangen.»

Darum geht es – Details und wie sie sie einfängt. Sie weiß, wie das aussieht, und sie weiß, was es *bedeutet*, wenn Details auf dem Papier eine wirkliche Welt schaffen, denn eine Geschichte, die nicht von der Wirklichkeit beglaubigt ist, bleibt bloßes Wortgeklimper. «Ich möchte einfach von meiner Aunt Fan erzählen, die ein paar Häuser weiter wohnte», stellt sie fest, «und dem Mann, der Distelfinken verkaufte, von einer Regennacht auf dem Pier und von der Tarana Street im Frühling. Ehrlich, ich glaube, es bekommt Schriftstellern nicht, verpflanzt zu werden – es schadet. Man erntet ein paar goldene Ährchen, hat aber keine Garben zu binden.»

1916 hielt sie in ihrem Notizbuch fest: «Ach, könnte ich der Alten Welt unser unentdecktes Land doch nur für einen Moment vor Augen führen. Es soll rätselhaft sein, in der Schwebe bleiben – es soll den Atem verschlagen. Es soll ‹eine von diesen Inseln da› sein ... ich werde alles haarklein erzählen, selbst wie in ‹der 75› der Wäschekorb quietschte.»

Tinakori Road Nr. 75 – das Heim der Familie. In allem, was sie schrieb, den Geschichten, den Tagebüchern, den Briefen nach Hause steckt Heimat ... Ihr galt zeitlebens Mansfields Sehnsucht. Von Anbeginn an führen die besten ihrer frühen Geschichten noch aus der Schulzeit in Thorndon eine vertraute und verlässliche häusliche Welt vor, ein gediegenes, unbeschwertes familiäres Umfeld –

Annehmlichkeiten, die sie nach ihrer Flucht aus Neuseeland so nie wieder für sich reklamieren konnte, nicht in London oder überhaupt Europa. Unentwegt erschrieb sich Mansfield den Herausgebern von *The Collected Fiction* zufolge eine Heimat «höherer Ordnung», erschuf diese im Erzählen wieder und wieder. In Kimber und O'Sullivans Vorwort heißt es: «Die eigentliche Offenbarung besteht darin, dass sich Neues auftut, wenn Erlebtes literarisiert wird.» In diesem Sinne war Wellington für Mansfield stets mehr als nur Schauplatz. Es war eine hochproduktive Werk-Stätte der Imagination, ein jederzeit zugängliches Materiallager für Einfälle, Erzählungen, Figuren und Räume. In einem Essay, den ich für das Magazin *Booknotes* des New Zealand Book Council als Antwort auf die Frage verfasste: «Wie ist es, wieder in Wellington zu sein?», unternahm ich meinerseits den Versuch, mir eine «Heimat» zu erschreiben, die sowohl real als auch bloße Erinnerung war, wirkliche vier Wände in einer wirklichen Stadt und zugleich etwas, das allein aus Worten gemacht war und diese Wirklichkeit somit in einem anderen Licht und als von anderem Stoff erscheinen ließ. Inmitten der Räume und Gärten und Lebenswelt Katherine Mansfields bemühte ich mich, «alles haarklein zu erzählen» ...

«ZU HAUSE» IN THORNDON

In Wellington trat ich durch die Tür des Randell Cottage in der Mary Street Nr. 14, und es war wie heimkommen. Mir war alles so vertraut – von den typisch neuseeländischen Nut- und Federdielen der Fußböden bis zu den Abständen zwischen den Schiebefenstern, die auf einen Garten mit einheimischen Bäumen und Hortensiensträuchern hinausgingen ... In solchen Cottages hatte ich schon in der Region Wairarapa Ferien gemacht, mit Kohleherd in der Küche und einer Speisekammer mit Wellblechdach als Abseite. Selbst die Kunstdrucke an den Wänden, das blauweiße Geschirr in den Schränken war mir vertraut.

Und es war ja Wellington. Wo ich zur Welt gekommen und aufgewachsen bin. Wo ich zur Schule gegangen bin und so viel Zeit verbracht habe ... durch den Botanischen Garten streifte, eines der Cafés an der Tinakori Road besuchte, über den Hügel hinab spazierte zur Old St. Paul's Cathedral, um ein Konzert zu hören, das mein Vater oder meine Tante organisiert hatten, oder weiter, um mich in die Katherine Mansfield Gardens zu setzen und dort zu träumen, wo meine Eltern sich am Tag ihrer Hochzeit hatten fotografieren lassen. Thorndon war immer ein wichtiger Teil meines Lebens gewesen, spielte das Viertel doch in der Vorstellungswelt Katherine Mansfields eine wichtige Rolle – einer literarischen Welt, die ich anregender finde als die anderer Autorinnen und Autoren, die genauso wie sie ihre Heimat erst verlassen mussten, um sie in Literatur verwandeln zu können.

Da war ich also. Plötzlich zurück, zurückversetzt in meine Vergangenheit, und doch war mir – die ich aus dem Londoner Frühling in den Wellingtoner Winter geflogen war, von einer Jahreszeit in die andere, über Länder und Meere und Zeitzonen hinweg, die aus Nacht Tag machten – nichts an meiner Ankunft fremd. Vielmehr war das Aufschließen der Haustür wie das Eintreten in einen Hort der Erinnerung, der Zugang zu Räumen, in denen meine Erzählkunst beheimatet ist und wo so viele der Geschichten, die ich schreibe, ihren Ausgang nehmen.

Denn kehre ich, wenn ich zu schreiben beginne, nicht oft zu einem erinnerten und zugleich imaginierten Neuseeland zurück? Mache mir etwa ein Bild – traumgleich – von einem bestimmten Schauplatz ... einem Strand, einem See, einem Hügelort ... Und werden nicht die Spezifika solcher Örtlichkeiten von der Erinnerung befeuert, dem Geruch subtropischen Buschlands nach einem Regenguss, etwa, oder dem speziellen Gold, das unmittelbar vor Sonnenuntergang auf den gelb werdenden Hügeln glüht. Und *bewirkt* nicht erst das Schreiben einen solchen Ort im Detail. Es findet eine Art geistige Suchbewegung statt, es wird evoziert, angereichert, adaptiert ... bis Erinnerung und Imagination verschmelzen und ich meine Figuren irgendwo verorten kann.

Das Thema Verortung steckt in allem, was ich schreibe – wird selbst zur Gestalt: Land und Lage, Hügel und Wasser, wie der Himmel sich ausnimmt, wie es ist, nachts draußen zu sein. All das sah ich, spürte ich, fiel mir – schlagartig – wieder ein, als wir in die St. Mary Street bogen, von der Tinakori Road den steilen Hang hinauffuhren, den tosenden Südsturm im Rücken, voraus und etwas querab einen der steilen Stadtwanderwege aus lauter Stiegen, Steigen und Spitzkehren, *zig-zags* genannt – dieser führt durch den dunklen Busch und die Koniferen des Kamms nach Wadestown –, als wir den Wagen so schief parkten, dass fast zu befürchten war, er werde sofort rückwärts wegrollen und sich in eine Nachbarveranda bohren ...

Unter dem Ansturm der Eindrücke entspannen sich in meinem Kopf prompt Geschichten. Wie auch nicht? Mein Notizbuch, auf dem vorn «Mein Katherine Mansfield Projekt» steht – in der Handschrift meiner siebenjährigen Tochter und versehen mit der Zeichnung eines ins Gras geduckten Häschens –, füllte sich zunehmend mit Ideen, Skizzen, Gedanken.

Kein Zweifel, für mich ist dieses mitten in der neuseeländischen Hauptstadt geschaffene Schreibrefugium ein Ort der Inspiration. Mein Mansfield-Projekt steht und fällt geradezu mit meiner, ihrer hiesigen Verortung. In ihrem Elternhaus ein Steinwurf nur von diesem Cottage entfernt und im Thorndon ihrer Erinnerung rings um mich her. Es ist ein ausgesprochen häuslicher Kontext, der Mansfield so vertraute Kosmos, den sie in ihrem Werk zelebrierte, hier spielt sich das Leben ab, hier wüten und streiten und lieben Familien, hier knallen Türen und hallt der kleine Garten wider vor dem Geschrei spielender Kinder. Hier ist die Küche abwechselnd Kriegszone und Zuflucht, hier werden Schulbrote geschmiert und zahlreiche hungrige Mäuler gestopft, läuft eine Konzertreihe im New Zealand Radio, türmt sich ein Berg dreckiger Wäsche in dem Korb auf der Waschmaschine und schmutziges Geschirr dort auf der Bank ... Hier ist das Zuhause. Hier bin ich zu Hause.

Für Schreibende bieten Residenzprogramme die Möglichkeit, fremde Länder zu besuchen, ihresgleichen zu treffen und eine Weile zu bleiben, sich fern von ihren Lieben ganz auf ein neues Projekt zu konzentrieren, das konkret und, hoffentlich, vom «Alltag» nicht tangiert sein wird. Sie reden von solchen Künstlerresidenzen und -aufenthalten in den höchsten Tönen – wie viel dort doch gelang, sich fand, beflügelt wurde. Auch mich haben sie natürlich gereizt: Yaddo und Hawthornden Castle, das Provincetown Work Center, die Isle of Jura und wie sie alle heißen ... Aber eine Mutter bricht nicht ohne Weiteres ihre Zelte ab, packt ihre Kinder ein (sofern das überhaupt geht, denn an vielen dieser Kreativorte sind Kinder nicht vorgesehen) und zieht in die Ferne ... Nein, oft stehen der von einer Stiftung oder Förderinstitution gebotenen Chance, an einem idyllischen Ort ungestört schreiben zu dürfen, eben die Zwänge des Familienlebens entgegen.

Doch als mir das Randell Fellowship angetragen wurde, konnte ich mir diese einmalige Gelegenheit nicht entgehen lassen. Denn ich durfte nicht nur «heimkehren», ich durfte ein veritables «Heim» beziehen und meine Kinder mitbringen – und das tat ich, sobald ich mich eingelebt hatte, und zwar um an meinem Geburtsort ein reelles Leben führen zu können, zu dem sie selbstverständlich gehören, und um die gemeinsame Erfahrung zu Literatur zu machen und so meine zwei Welten zusammenzubringen: Leben und Schreiben.

Wie auch nicht? Kinder sind nun mal da. Das häusliche Leben beschert uns – Männern wie Frauen – viel Trubel, wirbelt Laub auf. Wie auch nicht? Wie sollte nicht das Chaos, sollten nicht Wind und brüchige, über den Rasen stiebende Blätter sich finden, verlieren und immer neue Muster bilden, nicht Schönheit, Stimmigkeit und Literatur hervorbringen?

Das wusste Katherine Mansfield natürlich. Das häusliche Leben war der treibende narrative Impuls ihres Schreibens, Motiv und Thema einiger ihrer besten Erzählungen. «Die Neuseelandgeschichten», wie wir heute gern sagen – seit sie von Vincent O'Sullivan in einem Band versammelt wurden, ebendem Herausgeber, der sich einst auch für den Wiederabdruck der «Aloe» stark machte, die manche für die neuseeländischere Version des «Vorspiels» halten –, kreisen um Häuser und Kinder und Familien. Wie Menschen aufeinandertreffen, wie das Leben so spielt, wie es geordnete Verhältnisse aushebelt und vor der Privatsphäre einzelner nicht haltmacht ... darin besteht das Drama einer Mansfield-Story.

Nach der unvermittelten Schlachtung der Ente in der «Aloe» beziehungsweise dem «Vorspiel» verstummen die Schreie der Kinder gleich wieder, doch wirkt der Akt, an dem sie zwangsläufig alle teilgehabt haben, in dieser heftigen Geste nach:

Als Isabel neben Lottie trat, fuhr Lottie zurück. «Was mußt du mich immer anfassen, Isabel?»

Dieser Moment aufgezwungener Nähe enthält im Kleinen die ganze Geschichte – aber ebenso könnten wir an die schmelzenden Reste des Eiscremehauses in «Sonne und Mond» denken oder den tödlich verunglückten Fuhrmann im «Gartenfest» ... Die vielen gesehenen und gefühlten Momente – wie das oben erwähnte «Anfassen» – verdichten sich zu starken, präzise erfassten Geschichten, die von folgenreichen, dramatischen Wendungen erzählen. So viele Hoffnungen und Träume, gehegt, gehortet und – wie das Leben, wie die Familie so spielt – nivelliert.

Warum nur, frage ich mich, gelten aber andere Dramen als bedeutsamer? Warum überschatten Großthemen wie Kirche und Staat die Familie, warum wird Literatur, die sich dem Häuslichen widmet, so oft vernachlässigt und als trivial erachtet? Häuser sind wie Theater. Sie bieten Licht und Atmosphäre. Tag für Tag heißt es an den Fenstern Vorhang auf oder zu für Dramen und Spiele und Inszenierungen, für das endlos ergiebige Wechselspiel von Sprechen und Sein, aus denen der Alltag alltäglich besteht. Wir sind, was und wo wir leben, keine Frage.

Hier also haben wir das Haus, Randell Cottage, die Nachbarschaft, Thorndon, die Stadt, Wellington ... hier kommt für mich alles zusammen. Meine Töchter sitzen ein paar Ecken weiter in meiner ehemaligen Schule, tragen meine ehemalige Uniform (oder vielmehr die aktuelle Version davon), singen bei der Morgenandacht meine ehemalige Schulhymne. Das Thorndon meiner Kindheit liegt vor der Tür. Und im Innern des Randell Cottage, dieses winzigen, vor dem Allerlei häuslichen Lebens überquellenden Heims, den Blazern, den Schulheften, den Gummistiefeln, dem Nagellack, den ungebügelten Kleidungsstücken, bleibt unendlich viel Raum für Schreibideen und Reflexionen. Bei einem Umtrunk neulich erzählte ich allen, am liebsten hätte ich altmodische Einladungen drucken lassen und verkündet: Kirsty Gunn bittet zu sich «nach Hause» ins Randell Cottage, Thorndon. Ich denke fast, das hole ich noch nach.

—

«Kirsty Gunn ist gegenwärtig Writer in Residence im Randell Cottage», fügt der Book Council unter seinem Artikel als Nachtrag «zur Person» an. «Sie arbeitet an einer Kurzgeschichten- und -prosasammlung mit dem Arbeitstitel ‹Thorndon›, welche die Literatur und das Leben Katherine Mansfields zum Thema hat.» Dabei war für mich längst abzusehen, dass mein Projekt sich wandelte. Längst war klar, dass «Thorndon» eher ein Patchwork lose verknüpfter Ideen und Skizzen ergeben würde als jemals ein geschlossenes Ganzes. Es gab ringsum einfach zu viel Material. So viel zu bedenken, zu lesen, zu tun. Ich traf mich regelmäßig mit anderen, die schrieben, forschten, analysierten, wir redeten übers Schreiben, über Wellington und was die Lichtverhältnisse an der Bucht und am Hafen, das Rauschen des Winds in den Koniferen des Green Belt oberhalb der Tinakori Road mit der Ein-bildungskraft machten. «Kennen Sie das großartige Buch von Ruth Elvish Mantz?», fragte mich Vincent. Ich schüt-telte den Kopf. «Das bringe ich Ihnen», sagte er. «Man erfährt so viel über Mansfield – besonders die Zeit, als sie unfreiwillig wieder in Wellington war und innerlich so zerrissen. Mantz kannte nämlich die Familie, wissen Sie, sie berichtet aus erster Hand ...» Und das klingt dann so:

An einem der ersten Tage nach ihrer Rückkehr suchte Kass in Wellington die alten Lieblingsplätze auf, ging die Hill Street hinab, durchs Tor am Green und nahm dann die Abkürzung zu den Gärten des St. Mary's Convent. ‹Ich folge der breiten, fast leeren Straße. Sie wirkt nichtssagend, verloren, verwaist – wie eine Frau, die nicht mehr recht an ihre Reize glaubt. Es fehlt der beschwingte Pulsschlag.›»

Also ja, da war ich, in ebender Stadt, die für Katherine Mansfield einst so sehr Wirklichkeit gewesen war wie jetzt für mich, zugleich aber ein wiederbezogener, wiederbewohnter Ort, was etwas ganz anderes ist als eine endgültig vergangene Realität, wenn dieser auch nahe. Solche Überschneidungen und die Mehrdimensionalität des Orts sah ich, nunmehr in Thorndon zu Hause, sehr deutlich. Ich kam mir vor, als wäre ich, indem ich zurückkehrte, indem ich die Reise in die einstige Heimat antrat, bei meinen eigenen literarischen Anfängen angelangt. «Hier in meinem Zimmer ist mir, als wäre ich wieder in London», schrieb Mansfield in ihrem gegen das intensive Wellingtoner Licht mit vorgezogenen Gardinen verdunkelten Schlafzimmer in Thorndon. Ähnlich schrieb ich aus Thorndon Briefe «nach Hause»; doch wo – die Frage stellte sich umso dringlicher, je länger der Winter sich hinzog – war ich eigentlich «zu Hause»? Dort oder hier?

BRIEF AUS THORNDON

Ich schreibe diese Zeilen an einem Wintermorgen in Randell Cottage, dem kleinen Häuschen in der St. Mary Street in Wellington unweit der Stelle, wo Katherine Mansfield zur Welt kam und aufwuchs. Es ist kalt – das sagen alle hier, morgens herrscht Frost, auf den Bergrücken der Remutaka Range lag unlängst schon Schnee –, und doch tummeln sich im Garten die Vögel, als wäre Frühling. Vor dem Fenster sehe ich in einem Baum mit orangeroten Beeren eine aufgeplusterte Drossel sitzen, und auf dem bescheidenen Rasen haben sich vier Stärlinge eingefunden und mehrere Graumantel-Brillenvögel, die sich Ersteren offenbar gern anschließen, auch Neuseelandfächerschwänze sehe ich ihre weißen Schwanzfedern spreizen, während sie im Laub herumhüpfen. Gestern bin ich nach erfülltem Schreibpensum den steilen Zickzackweg am Ende der Straße in die Tinakori Hills hochgestiegen. Es ist eine Tour, die Mansfield gern unternahm, und ich stellte mir vor, wie sie stracks durchs Buschland und zwischen Koniferen in den Wellingtoner Himmel marschierte, um auf die Stadt hinabzublicken, die sie liebte und hasste und in die sie später so schrecklich gern hatte zurückkehren wollen. Unterwegs schwirrte mir ein Tui an die Schulter, hockte dort auf einem Ast und sang mit schwellendem weißen Halsfederbüschel nach Leibeskräften, als bringe er mir ganz allein ein Ständchen dar. Sein stolzes Profil, seine Vereinzelung und dramatische Erscheinung, das lackglänzende blauschwarze Federkleid, auch sie erinnerten mich an Mansfield, das Lied dieser Autorin. Die klaren, einsam in den Abend steigenden Töne.

Ich nutze die Zeit hier, um den letzten Band der *Collected Letters of Katherine Mansfield* mit der tief elegischen Einleitung von Vincent O'Sullivan zu lesen und Anmerkungen, die uns so schmerzlich die Mansfield der letzten Erzählungen zeigen, die sich danach sehnte, ganz zu sein, eins mit sich ... sich zu finden, mit sich einverstanden sein zu können, heimisch in der Welt. Wie sollte mich da die Darbietung des Tui nicht berühren? Denn obwohl sich hier in Thorndon, wo ich den Winter verbringe, seit Mansfields Zeit viel verändert hat, das vornehme Haus ihrer Jungmädchenjahre in der Fitzherbert Terrace etwa lange fort ist, und obwohl auch meine Erinnerungen an Mansfields Wellington sich im Rückblick auf meine eigene Zeit hier und auf ihre Texte verschieben, begegnet sie mir überall. Ich sehe sie mit fliegenden Röcken den Hang zum Cellounterricht hinabstürzen, während ich mit meinen Töchtern auf dem Weg zur Schule in unmittelbarer Nähe des Schauplatzes des «Gartenfests» langsamer nachfolge. Ich sehe sie unter dem Pohutukawa, dem Eisenholzbaum, der einst am Hafen stand – wo ich meinerseits nach der Schule den Bus nahm. Ich sehe sie im Botanischen Garten, wo ich am stillen Musikpavillon, der Soundshell, verharre, den Gedanken von «Miss Brill» und anderen Figuren aus der gleichnamigen Erzählung beim Sonntagskonzert der Blaskapelle lausche. Und sie erwartet mich an dunklen Wellingtoner Abenden, wenn die Fenster der Holzhäuser am Hang so hübsch antiquiert leuchten, als brennten dort Petroleumlampen, nicht elektrisches Licht, sie malen gelbe Ecken ins dunkle Blattwerk, künden vielleicht von einer Party, wie man sie einst für Katherine Mansfield ausrichtete, bevor sie diesen Ort für immer verließ und ins ferne London aufbrach.

Wie gesagt, es hat sich viel verändert – Geschäfte und vielstöckige Gebäude, wo einst Wasser war, neue Häuser anstelle der alten, eine Schnellstraße am Fuß ihres früheren Gartens, wo einst Neuseeland-Flachs und Ponga-Bäume eine Schlucht überwucherten –, doch die Anmutung von Stadt und Stadtteil, von Thorndon, erscheint mir unverändert. Denn ich hocke hier im schöpferischen Epizentrum des Lebens Katherine Mansfields, am Ort, wo alles begann, Ursprung und Stoff der schönsten Mansfield-Geschichten – Hügel, Hafen, Häuser, Gärten. Mir ist, als dürfte ich eine Zeit lang am Quell ihrer Inspiration, der Kindheit, verweilen, die nach Rilke der Beginn aller Kunst ist, wo alles, wie er sagt, was gesehen, gefühlt, gehört, einem begegnet ist, als Bild bleibt, der Ort, den Mansfield unbeirrt bis in ihre letzten Tage «Heimat» nannte. «Um Geschichten schreiben zu können», sagte sie, «muss man in die Vergangenheit zurück.»

Es gibt so viel zu tun. Ich muss dem Weg von Mansfields Schule zur Stätte ihrer Cellostunden und von dort zum Hotel folgen, das als so aufregend halbseiden galt und den Schauplatz einer frühen Erzählung abgab. Ich muss ein Manuskript finden, Fragment einer Erzählung, und mich in der Turnbull Library über ihre wilde Handschrift beugen. Irgendwann ist auch ein Ausflug an die Days Bay geplant, in der Hoffnung, Katherine Mansfield dort am Strand anzutreffen, ihren Geist vielleicht an dem kleinen Schreibtisch sitzen zu sehen, von dem jemand meinte, der stehe dort vielleicht noch immer in dem Strandhaus, das die Beauchamps jeden Sommer mieteten. Pip und Rags werden sich dort gewiss auch herumtreiben, auf der Suche nach «Smerackten», und Beryl wird sich am Strand weiter zieren. Ich werde übers Meer auf die Hügel und Thorndon zurückblicken können. Im «tiefsten angewiderten Herzen» wild entschlossen, «*niemals* zurückzukehren», schrieb Mansfield einst. Das habe ich mir während der vielen Jahre meines Fortseins auch gesagt. Aber die See zwischen dort und hier ist vielleicht doch nicht so stürmisch, wie wir beide dachten, das große Wasser doch nicht so weit. Eine Seereise wurde unternommen, also ist die Reise möglich. Und die Geschichten … nun, Geschichten sind überall.

3

– Das Puppenhaus –

Da stand es, das Puppenhaus, spinatgrün, dunkel und ölig, mit knallgelben Verzierungen. Seine beiden massiven, aufs Dach geklebten kleinen Schornsteine waren rot und weiß angemalt, und die gelb gestrichene Tür glänzte wie ein Karamelbonbon. Vier Fenster, richtige Fenster, waren durch einen breiten grünen Strich in Scheiben unterteilt. Es gab sogar eine winzige Veranda … Was für ein makelloses kleines Häuschen!

— Katherine Mansfield, «Das Puppenhaus»

Über Katherine Mansfield dachte ich nicht erst seit meinem geplanten winterlichen Aufenthalt in Wellington nach. In vielerlei Hinsicht denke ich wohl schon mein Leben lang über diese Autorin nach. Meine Mutter las mir bereits ganz früh Kurzgeschichten von ihr vor, dann, in der Schule und auch später, las ich selbst – das heißt, ihre präzise Erzählkunst war im Hintergrund immer da.

Das «Vorspiel» entdeckte ich meiner Erinnerung nach mit zwölf oder dreizehn, ihren einzigen Roman – na, oder Novelle beziehungsweise sehr, sehr lange Kurzgeschichte aus lauter Szenen, die beinahe so etwas wie Kapitel ergeben –; ich fand ihn im Regal zwischen anderen Büchern, einen eher faden braunen Leineneinband, der vermutlich meiner Mutter gehörte. Denn war das nicht ihre Handschrift da auf dem Vorsatzblatt? War das Bändchen vielleicht ein Leistungspreis aus ihrer Schulzeit? Das werde ich nie wissen können, nur, dass ich das Büchlein aufschlug und Seiten so dünn und gelb wie Bibelpapier umblätterte bis zur Anfangszeile, mich gleich dort in einem Sonnenfleck auf dem Wohnzimmerboden niederließ und las.

Für Lottie und Kezia war einfach kein Platz mehr im Einspänner ...

«Vorspiel» erzählt von einer Familie, die aus ihrem Haus in der Stadt aufs Land zieht, und zwar aus Sicht einer der jüngeren Töchter, Kezia, die genauestens verfolgt, wie das eine Heim aufgelöst und an seiner Stelle ein anderes begründet wird. Die Erwachsenen schwirren und schwatzen um sie herum, und Mansfield lässt nach und nach, Seite für Seite eine Welt so speziell und facettenreich wie das Leben selbst erstehen, schenkt uns eine Geschichte, die ganz aus scheinbar belanglosen, flüchtigen Momenten besteht, belauschten Gesprächen, halbfertigen Gedanken – ohne einen alles beherrschenden Plot oder Wendepunkt, der in die eine oder andere Richtung weist, nein, einfach lange in einem langen Tag verstreichende Stunden.

Und das war ein Roman!

Ich hatte immer geglaubt, ein Roman *müsse* einen Plot haben, Figuren, die nach dem Willen und Fahrplan des Erzählers agieren, Kapitel wie voll beladene Güterwaggons ohne einziges Stück, das nicht Teil des Kalküls von Erzähltempo, -struktur und Gesamtkonstruktion wäre. Stattdessen gab es hier genau wie bei anderen Mansfield-Geschichten eine lange Erzählung aus lauter Einzelmomenten, die sonst wohin führen und sonst was bedeuten

konnten – Momenten, die «im gegenwärtigen Augenblick» blieben, wie Mansfields Weggefährtin der literarischen Moderne Virginia Woolf meinte. Was für eine
Offenbarung zu sehen, dass die Autorin mit dem muffi-
gen alten Roman so herrlich unbekümmert verfuhr wie
in ihren Geschichten – ihre «Momente» zum Leuchten
brachte und an die Stelle schwerfällig fabrizierten Dra-
mas eine funkelnd unmittelbare Prosa setzte, in der wir
als Lesende uns ebenso heimisch fühlen wie die darin
beheimateten Figuren.

In einem Roman daheim sein, nicht bloß Zaungast ...
Heute weiß ich natürlich, dass gerade dies gelungene Erzählkunst auszeichnet. Dass uns eine Welt geboten wird,
die nicht bloß ein Schau-Platz ist, den wir bestaunen, von
dem wir Neues erfahren, der uns unterhält, sondern vielmehr eine Welt, die uns so vertraut wird wie unsere eigene. Die uns aber natürlich auch immer überrascht – wie
eine Tür, die sich auftut.

Mein Blättern im «Vorspiel» markiert bei mir gewissermaßen den Beginn des erwachsenen Lesens, einer
reiferen Würdigung der Kunst Mansfields. Wenn ich
aber zurückblicke und nach der emotionalen Bindung an
das Werk suche, dann finde ich sie in den Gutenachtge-
schichten meiner früh verstorbenen Mutter – am besten
erinnere ich mich an «Das Puppenhaus». Sie las mir –
«Makelloses kleines Häuschen!» – mit solcher Lust von
der spinatgrünen Farbe vor, der Tür, die glänzte «wie ein
Karamelbonbon». Und der winzig kleinen Lampe – ah
die kleine Lampe! Meine Schwester Merran sollte später
in der Schulaufführung ebendieser Geschichte «unsere
Else» spielen und sagen dürfen – ihr ganzer Text, aber

was für ein Finale! –: «Ich hab' die kleine Lampe gesehen.» In meiner Vorstellung fand das eindrückliche Bild des winzig kleinen Hauses damals im dunklen Kinderzimmer bei uns daheim, wo die Welt noch heil war, gefeit vor Krankheit, Sterblichkeit und Tränen ... fand dieses Haus im Haus ... großen Widerhall, das weiß ich.

Und über dieses winzig kleine Haus dachte ich nun in einem eben bezogenen kleinen Haus nach – dem Randell Cottage, das ungefähr zur selben Zeit erbaut worden war wie das Haus, das Mansfield als Vorbild diente für «Das Puppenhaus» – Elternhaus wie Nachbildung en miniature. Ich dachte darüber nach, dass mich an Mansfields Erzählungen begeistert, wie sie Welten in Welten erschafft – wie ihre Ambivalenz hinsichtlich Heimat, Verortung und Identität dem Werk stets eingeschrieben ist, Teil des Schaffensprozesses.

Als schottische Familie, die eigentlich Großbritannien als «Heimat» betrachtete – samt Scottish Country Dancing, Burns Night, Ceilidhs und Highland Games –, befanden wir Gunns uns im Bemühen, alter wie neuer Welt gerecht zu werden, zwangsläufig in einem Dilemma. Mein Vater spielte Dudelsack, er nahm jedes Jahr an sogenannten Highland Games in ganz Neuseeland teil; mein Bruder ging am Scots College zur Schule, wo wiederum mein Vater die Pipe Band betreute. Selbst im Umfeld meiner eigenen Schule, nämlich dem Queen Margaret College unweit der letzten Wellingtoner Adresse der Autorin in der Fitzgerald Terrace, wo wir uns sicher eingehender mit Katherine Mansfields Geschichten befassten als im Lehrplan vorgesehen, hatten Häuser Namen wie «Braemar» und «Lochleven».

Für mich konnte demnach von vornherein kein Ort jemals «daheim» genug sein. Als Familie würden wir immer «Flachwurzler» sein, wie eine Kusine unlängst meinte, die ihres Jobs wegen schon überall auf der Welt gelebt hat. Also ja, für uns damals als Kinder war «Heimat» Schottland. Und bleibt es bis heute. «Wieder» hochfahren sagen wir, ich, mein Mann und unsere Töchter, wenn wir uns aufmachen ins Hochland von Sutherland, unweit der Gegend, in der Verwandte meines Vaters leben, der Region, in der mein aus Schottland gebürtiger Mann seit Kindesbeinen angelt. Alle diese vertrauten Lebensphasen und -orte gehören dazu.

«Nichts dabei also an der Gewohnheit, dort zu sein», heißt es in meinem Roman *The Big Music* über eine Familie, die gar nicht anders kann als von daheim gewohnte Muster zu wiederholen, im Umgang und allem, was Usus ist, auch der Entscheidung letztlich, wo man leben soll. Einer der Protagonisten, John Sutherland, hat zwar erklärt, er komme «nie wieder», kehrt am Ende aber doch in sein Elternhaus zurück – «sitzt nach so vielen Jahren in der Fremde doch wieder dort fest». Er ist ebenso wenig imstande, frühere Muster zu durchbrechen, wie der Sohn, der in seine Fußstapfen tritt, der sich in London als Architekt etabliert, mit einer Londoner Frau und Kindern, nur um schließlich ebenfalls – unausweichlich – heimzukehren. «Auf den alten Straßen kommst du vielleicht an eine Stelle, eine Biegung, sagen wir, oder über eine Hügelkuppe, und plötzlich. ... Gibt es kein Zurück. Die Straße führt schnurstracks hin, du denkst nur noch dran, was da vorn kommt und wer auf dich wartet.» Ich hätte bei diesem imaginären Gelände Schottland, aber genauso gut Neuseeland vor Augen haben können, den Weg, hier wie da, «wieder» nach Norden. Meine Geschichten haben noch nie recht stillhalten können.

Diese Ambivalenz, diese mehrdimensionale Identität, die entfernte Orte vereint, sie konnte ich bei Mansfield lesen und befragen – ihr «Hier» und «Dort», über die ich im Vorfeld der ersten internationalen Mansfield-Tagung 2008 gründlicher nachzudenken begann. Einige meiner Überlegungen konnte ich zu Papier bringen, als ich eingeladen wurde, aus der speziellen Warte einer Schriftstellerin über Katherine Mansfield zu sprechen. Der Vortrag erscheint hier in voller Länge ...

ORTE, VERORTUNG, FAMILIARITÄT UND FERNE: WAS ICH BEI KATHERINE MANSFIELD GELERNT HABE

In seiner wunderbaren Autobiografie *Am falschen Ort* spricht Edward Said vom Autor als nomadischem Wesen, das nirgends hingehört und sich deshalb, zwangsläufig, ein Haus aus Worten baut.

Die knappe Feststellung bedeutet mir viel, und ich zitiere sie gern, weil sie gewissermaßen unter einem Dach Fiktion und Heimkunft, Sätze und Setting, Imagination und Realität zusammenbringt. Denn wir, die schreiben, leben in diesen Wortgebäuden, die wir Geschichten nennen, Romanen, Novellen, Erzählungen, Entwürfen, leben in den Zwischen-Räumen aus Absätzen, Sätzen und Seiten, blicken durch die Türen und Fenster unserer Texte hinaus auf die Welt. Und noch größeren Widerhall findet Saids Feststellung bei denjenigen von uns, die den eher prosaischen Beweggründen zu schreiben ein selbstgewähltes Exil vorziehen, das heißt weniger am literarischen Mainstream interessiert sind, der selbstredend auch Literatur produziert, und mehr an ästhetischen Konzepten und Formfragen – dem «Warum», dem «Was» und dem «Wie» der Kunstproduktion. Denn wir, die es «neu machen» wollen, werden immer abseits leben, «zu Hause» eigentlich nur in den Worten unserer Werke.

Saids Bemerkung kommt mir auch jetzt wieder in den Sinn und erinnert mich, dass es Katherine Mansfield war, die mich dergleichen zuerst lehrte. Über Orte, Verortung, Familiarität und Ferne ... über sichere, umhegte Häuser und die wilde oder unüberschaubar wechselhafte Welt draußen. Zwischen diesen Polen liegt Mansfields literarische Heimat, ihre Vision, ihre innere Landschaft. In ihren Geschichten wurde für mich erstmals so etwas wie Machart spürbar, der Versuch, sich in Worten einzurichten. Ein literarisches Projekt, bei dem es nicht bloß um das geht, wovon die Geschichten erzählen, sondern wie sie das tun, wie sie gemacht sind. Was sie bedeuten könnten.

Auf jeden Fall trieb Katherine Mansfield als Schriftstellerin das Thema Heimat um. Beheimatet sein. Heimkehren. Beziehungsweise nicht heimkehren ... Wo sollte letztlich eine Heimat zu finden sein als in den Seiten ihrer Geschichten? Mit der Zeit wurde der Ort, von dem sie sich fortsehnte, zu ebendem Ort, an den sie sich zurücksehnte – Neuseeland, Wellington, das Heim und die Familie in Thorndon, einander zurufende Stimmen drinnen und draußen, im Garten, von dort hoch wabernd, fortgeweht von der steifen Brise, die durch die Straßen blies, die in die zauseligen Bäume auf den Bergkämmen fuhr und hinaus übers Wasser in der Bucht – Katherine Mansfields «Heimat».

Denn diese Autorin mit ihrem vertrackten, feinen Gespür dafür, was sie in und mit ihrer Literatur «machen» wollte, *musste* sich ihren Ort in Worten erobern. Sie konnte gar nicht anders, meine ich, als sich wieder und wieder altvertrauten Orten zuzuwenden – der Bucht, dem Hafen, dem Landhaus in Karori. Als hätte die junge Frau, die in die weite Welt hinauszog und dort allen Wechselfällen ausgesetzt war, die sich auf Schritt und Tritt neu erfand und inszenierte, den einen Ort gebraucht, der immer gleich bleiben durfte. Wo sie sein konnte. Zur Ruhe kommen, sich geborgen fühlen. Doch speist sich dieses Bestreben, sich in und mit ihren Geschichten selbst zu verorten, zu beheimaten, nicht einfach nur aus der gelebten Erfahrung, sondern gründet auf ihrem authentischen literarischen Ansatz. Mit der Art und Weise, wie sie erzählerisch ihre fiktiven Welten schafft, wie sie präzise Details mit einem scheinbar achtlosen, scheinbar beiläufigen Ton zu Momentaufnahmen von Fremdem wie Vertrautem verschränkt, schreibt sie, Schriftstellerin neuen Schlags aus einer neuen Welt, sich schnurstracks ins Epizentrum des Modernismus und herrschender Strömungen der englischsprachigen Literatur der nördlichen Hemisphäre.

Nicht, dass ihre Arbeit erkennbar eine Programmatik verfolgt hätte. Anders etwa als Edward Said, ein Autor, der zuallererst ein politisches Anliegen hatte, der sich mit dem Verhältnis von Land und Literatur beschäftigte und dem, wie sich Ersteres auf Letztere auswirkt, der weit über mein heutiges Thema hinaus mit der konkreten Realität von Region und Örtlichkeiten befasst war. Nein, Katherine Mansfield erzählt ihre scheinbar leisen, bescheidenen kleinen Geschichten von Familien und ihren Quäntchen Leben, die uns auf so unmittelbare Art ins Hier und Jetzt eines Parks, eines Salons, eines Gartens versetzen.

Doch wenn ich zurückblicke auf die Zeit, als ich erstmals mit ihren Geschichten in Berührung kam, als sie schon dem Kind vorgelesen wurden, einige jedenfalls, und auf spätere Zeiten, als der Teenager und die junge Frau sich ihnen um ihrer literarischen Frische und Findigkeit willen zuwandte, hatte ich wahrscheinlich durchaus eine Vorstellung, unfertig zunächst, dann zunehmend, je mehr ich mich mit englischer Literatur befasste – erst an der Schule, dem Queen Margaret College in Thorndon, wo die Auseinandersetzung mit dem Werk Mansfield einen wichtigen Teil des Lehrplans ausmachte, später an der Universität und danach –: dass hier eine Autorin eine neue Art von Verortung vornahm und damit etwas bewirkte, was, wenn nicht politisch, so doch fraglos künstlerisch und kulturell bedeutsam war. Das lag, schien mir bald, an Mansfields Bemühungen, eine fremde, ferne Welt in diejenige der Salons des Edwardischen London einzuführen, in Gestalt solcher Erzählungen und Texte jedenfalls, die sie zu Lebzeiten veröffentlichen konnte und die auch in Europa begierig aufgenommen, gelesen und diskutiert wurden. Für mich, deren Kenntnis «weltbedeutender Werke» eher bescheiden zu nennen ist und erst recht der Maori- und polynesischen Literaturen, die heute für Neuseeland und den Rest der Welt eine solche Bereicherung darstellen, war der Gedanke, eine Autorin

könne mir ein Neuseeland schenken, das sowohl innerhalb bestimmter Landesgrenzen wie in der Welt heimisch
wäre, absolut neu. Er war verblüffend. Als hätte Katherine Mansfield eine Keulenlilie an den Russell Square
verpflanzt und wüchse sie dort einvernehmlich Seite an
Seite mit einer Eiche und spendete wie diese Schatten und
Schönheit, ein ebenso vertrauter Anblick in Bloomsbury
wie die von den Britischen Inseln importierten Bäume in
Wellington.

Aber es war mehr. Mit der Würdigung der Machart
ihrer Kunst, etwa wie die narrativen Elemente sich an-
einander rieben, alte und neue Welt, wie Mansfield gewissermaßen beide Baumarten einander zugesellte und
im Wind schwanken ließ, ging die Erkenntnis einher,
dass für mich Ort und Verortung nicht bloß Rahmenbedingungen ihrer Erzählungen waren. Nein, sie waren
ihr Thema.

Natürlich war da mehr, viel mehr: wie sie schrieb, von
wem sie schrieb. Auch damit beschäftigte ich mich. Mich
interessierte die «Transparenz ihrer Tinte», um Elizabeth Bowen zu paraphrasieren ... aber was mich vollends
in Bann schlug, war Mansfields Gespür für das Setting,
das literarische Terrain, auf dem sie glaubhaft ihre Figuren «ansiedelte». Ihre Schauplätze waren ganz die ihren.
Und sie eroberte sich mit ihnen einen Platz in der Welt-
literatur.

Lassen Sie mich das an einem Beispiel erläutern: «Miss
Brill». Ich hatte immer, aber mehr wie im Traum, geahnt,
dass mir an Mansfields Geschichten vor allem gefiel, wie
sie Neuseeland und England, Wellington und London
übereinbringen konnte. Und diese Ahnung wuchs sich

zur Gewissheit aus, die gewichtig schien, von kulturellem Gewicht, als mir im Englischunterricht an der Queen Margaret «Miss Brill» unterkam: Da war sie, diese einsame Frau in ihrer zerfressenen Fuchsstola auf ihrer Bank im Park, plötzlich den Heldinnen Shakespeares ebenbürtig, Tennysons Lady von Shallott oder anderen illustren Gestalten des Lit.-Lehrplans.

Allein das schon. Zu begreifen, dass diese Autorin von literarischem Rang war, und zwar für die Welt, für Europa, und dass wir zu ihr geprüft werden konnten, aufgefordert, Aufsätze zu schreiben. Wenig später hörten wir von Tschechow, dann Virginia Woolf, von Lawrence und all den anderen, und Katherine Mansfield war mittendrin, eine nicht nur in ihrer Heimat verehrte Autorin, sondern in aller Welt gelesen und überall zu Hause.

Dazu kam allerding die Bank. Oder genauer die Verortung der Bank. Denn erst, als ich begriff, was Mansfield da fiktional zuwege brachte, als ich sah, dass Miss Brill der Blaskapelle auf einer Bank vor einem Musikpavillon lauschte, die im Botanischen Garten unweit der Stelle zu stehen schienen, wo ich an diesem Tag die Schulbank drückte, ebenso gut aber für eine in einem englischen Park in England oder vielmehr jedem europäischen Land angesiedelten Geschichte hätten erdacht worden sein können ... da erst begriff ich, was ihre Literatur schaffte und schuf. Eine eigene Welt. Eigene Regeln und Rahmenbedingungen – einen Ort, wo die entstehenden Geschichten real werden nicht durch Verweise auf bekannte, tatsächliche Gegebenheiten wie Stadt und Land, sondern direkt auf den Seiten, die wir lesen. Auf diese Erkenntnis, die sich bei mir als Kind zunächst nur diffus abzeichnete und eher unausgereift blieb, um erst ein paar Jahre später konkreter, beredter zu werden – nämlich dass Mansfield etwas Unerhörtes tat –, lege ich deshalb viel Wert, weil sie enormen Einfluss darauf haben sollte, wie ich selbst schreibe, wie ich selbst darüber nachdenke, was es heißt, aus Worten eigene Welten zu bauen.

Denn der Gedanke behält für mich seinen Reiz: Verortung in der geschilderten Weise zu lesen, zu begreifen, dass zum kreativen Prozess des Schreibens auch gehören kann, mit Worten einen Ort, einen Raum zu schaffen, der nicht von Referenzen oder empirischen Evidenzen bestimmt sein muss, Übersetzung der Welt «da draußen» und ihr gemäß aufgefasst und bewertet. Nach dieser Lesart hätten wir – in einer konstruierten Welt – für Autor und Leser gleichermaßen einen Ort, wo die Geschichte nicht erst einen vertrauten Kontext, einen historischen Rahmen, eine zentrale Erzählinstanz braucht, um Sinn und Strahlkraft zu entfalten, sondern diese vielmehr Satz für Satz im Lesen zu offenbaren vermag.

Damals vor vielen Jahren lauschte ich der laut vorgelesenen Geschichte «Miss Brill», lauschte nicht nur dem Geschehen, dem Hergang – interessant natürlich, denn ich liebe Mansfields Geschichten auch um ihrer selbst, um der Figuren und der Dramen willen, der fast unmerklichen, nur flüchtig erhaschten Dénouements –, sondern ebenso dem sehr gemachten, synthetischen Setting, dem Fehlen eindeutiger Ortsreferenzen, die bewirkten, dass die Geschichte sich ihren Ort ganz in der Sprache schuf. Es war keine Geschichte über etwas. Sie *war* einfach.

Solche Kunstorte der Erzählungen Mansfields suche ich auf, wenn ich mich zu Hause fühlen will. Denn auch wenn da und dort sicher Ortsnamen eingestreut sind, macht ihr Werk auf mich insgesamt den Eindruck einer *terra incognita* zwischen Süd- und Nordhalbkugel, die aller Welt offensteht und der Fantasie vielfältige Möglichkeiten eröffnet. Etwa die einer universellen Zugänglichkeit, die Leser von überallher anspricht, denen die Welt der Erzählung so wenig fremd erscheint wie die eigene, oder die der Entwicklung einer Sprache, die unverbraucht ist und literarisch präzedenzlos, also frei von Vorstellungen beispielsweise über Klasse, Herkunft, Differenz, wie es sie jenseits der Grenzen der Erzählung geben mag. Anders gesagt der Entwicklung einer Literatur, die solche Komplikationen zwar kennt, gewiss, aber kennt in einem kreativen, nicht empirischen Kontext. Sodass wir die Welt, die sich uns darbietet, als neu und lebendig lesen, erst im Moment der Lektüre vorhanden – als entfalte sie sich in dem von den Worten auf der Seite vorgegebenen Takt, dem folglich auch unsere Wertung und Würdigung unterliegen.

Mein Verhältnis zu dem, was ich eingangs als Katherine Mansfields «literarisches Projekt» bezeichnet habe, hat sich, das sagte ich schon, im Laufe der Zeit in dem Maß ausgeformt, wie ich mehr über die ästhetischen Voraussetzungen des Machens von Literatur erfuhr. Schon damals jedoch, in dem sonnigen Klassenzimmer vor vielen Jahren, begriff ich: Wer bei anderen nicht von einer intimen Kenntnis der Schauplätze einer Erzählung ausgeht, öffnet sie in einer Weise für die weite Welt, wie das keine eindeutig verortete Geschichte vermag. Die Erzählung selbst wird das, was wir kennen. Sie wird das, was uns vertraut ist. Eben deshalb kann sie von der Literatur nicht als anders, fremd, kolonial oder dergleichen ausgeklammert werden, sondern wird immer zu ihr gehören, in dieser und von dieser Welt …

Katherine Mansfield hat mich als Erste auf diese Idee gebracht. Seither lässt sie mich nicht mehr los.

—

Ich habe meinen kompletten Vortrag hier deshalb noch einmal aufgenommen, weil er mir bei meiner Ankunft in Thorndon gewissermaßen als Fahrplan, als Orientierungshilfe diente. So wie Mansfield in ihren Notizbüchern Übersichtspläne zu ihren Schreibvorhaben notierte, wollte ich umreißen, was ich von ihrer Ästhetik lernen könnte.

Schließlich hat sie mich gelehrt, dass Texte fragmentarisch sein können – dass eine Geschichte weder literarisch noch lebenswirklich weniger wert ist, wenn sie uns Episoden bietet, statt einem durchgehenden Thema oder Motiv zu folgen. Die «besondere» Prosa, von der Mansfield sprach, lässt sich am ehesten als Sprung in die Moderne beschreiben; Regungen werden zu reiner Form. Die Autorin entwickelt Sätze und Absätze neuer Art, die besser beschreiben, wie es im wahren Leben, in Echtzeit zugeht – Erfahrung in gebrochener, flüchtiger, altbekannter und zugleich nie dagewesener Form. In den Worten der Schriftstellerin Katherine Anne Porter:

Leben, Liebe, Schönheit, Schmerz, Akzeptanz, Antwort – das sind große Worte, sie sollten etwas bedeuten, und ihre Bedeutung hängt von ihrer präzisen Verwendung und vom

jeweiligen Gegenstand ab ... Katherine Mansfield fand stets
deutliche Worte.

Sie ließ sich damit allerdings Zeit. Für ihre Disposition
zur Vergangenheit war in der Gegenwart erst Platz, als sie
sich durchgesetzt hatte.

Dann aber konnte sie von ihrem «unentdeckten Land»
erzählen, anno 1917, als sie in tonangebenden Literatur-
und Kulturzeitschriften so viele Geschichten veröffentlicht hatte, dass sie zu der Novelle «Die Aloe», aus der
dann «Vorspiel» wurde und die sie soeben Virginia und
Leonard Woolf für ihre Hogarth Press übersandt hat, in
einem Brief scherzhaft bemerken konnte, nun habe sie
ihre Prosa «den Wölfen zum Fraß vorgeworfen», und
die hätten sie verschlungen «und mir so üppiges Lob in
so güldenem Schälchen vorgesetzt, dass ich nicht umhin
konnte, mich geschmeichelt zu fühlen». Sie hat es als
«Londoner Autorin» geschafft und kann sich nun den
«glitzernden Tropfen» Wasser auf ihrem Neuseeland-
Flachs widmen. Ihre Arbeit ist weiter geprägt von einer
gewissen Vielschichtigkeit, vom Wissen um mehrfache
Realitäten – etwa in der Fremdheit und Magie des Puppenhauses und all dessen, wofür es steht, bekannt wie
unbekannt, dieses viktorianischen, so britisch anmuten-
den Puppenhauses der gleichnamigen Geschichte, das
zunächst draußen im Hof in der sengenden neuseeländischen Sonne steht und in seinen so europäisch wirkenden
Stuben das eine enthält, das besonders anders, besonders
unerwartet ist – wie Mansfields «unentdecktes Land» –,
nämlich die kleine Lampe.

«Na los, macht es doch auf!», ruft eines der Kinder,

als wollte es das Geheimnis der Bedeutung des Ganzen lüften, das Rätsel des Innen-Drin lösen.

Der Haken an der Seite klemmte. Pat hebelte ihn mit seinem Federmesser auf, und die ganze Hausfront öffnete sich, und plötzlich – konnte man gleichzeitig in den Salon, das Eßzimmer, die Küche und zwei Schlafzimmer sehen. [...] Es war zu wunderbar; es war zu viel für sie. Nie zuvor hatten sie etwas Derartiges gesehen. [...] Was Kezia jedoch am besten gefiel, was sie über alles liebte, das war die Lampe. [...] ... die Lampe war wunderschön. Sie schien Kezia anzulächeln und zu sagen: «Ich wohne hier.» Die Lampe war echt.

Meinen Töchtern «Das Puppenhaus» vorzulesen, als sie in Thorndon zu mir stießen, im Katherine-Mansfield-House eine Nachbildung zu kaufen und mit Klebstoff und Filmband zusammenzubauen, bis das zerbrechliche, wacklige Modell am Abend auf dem Küchentisch stand – das alles trug zum Worthausbau bei, den ich versuchte. Tagsüber wanderten wir die Tinakori Road hinab, die Mädchen schon in den Schuluniformen meiner eigenen Jugend, und schlenderten durch die Katherine Mansfield Gardens, bis am Queen Margaret College die Glocke schrillte und Millie und Katherine mit den vielen anderen Mädchen, die aus allen Ecken Wellingtons zusammenströmten, durchs Tor entschwanden. Dann winkte ich noch mal und stieg wieder die Tinakori Road hinauf, machte mir Kaffee, legte mir den schwarzen Umhang um und widmete mich am Schreibtisch mit Blick auf eine an manchen Tagen vom Wind gebeutelten und an anderen sonnenbeglänzten St. Mary Street meinen Notizen, Tagebuchseiten und einer Kurzgeschichte, die von der Straße vor meinem Fenster direkt aufs Papier wanderte ...

DAS KLEINE HAUS

Man konnte in das kleine Haus weit hineinsehen. Kam man die Straße hinab und blieb am Gartentor stehen, lag es gleich dort etwas seitlich versetzt neben einem gewaltigen, mit faustgroßen quietschrosa Blüten übersäten Rhododendronbusch. Der schützte nur dürftig vor neugierigen Blicken. Denn Kassie merkte schnell, dass, wer stehen blieb, mühelos zu den Fenstern hineinsehen konnte. Die Blüten machten das Haus nur dem ersten Anschein nach privat.

Sie selbst hatte gleich am ersten Tag von der Straße aus alles überblicken können – ehe sie überhaupt das Tor aufgedrückt hatte. Das Wohnzimmer mit dem Tisch und der Vase voller Blütenzweige, das Sofa mit den Gobelinkissen, deren dunkelblaue Wolle jemand vor langer Zeit liebevoll, Stich für Stich, mit Hortensien und Stiefmütterchen und Rosen bestickt hatte. Und auch die winzige Diele mit dem Oberlicht über der Haustür und das Schlafzimmer dahinter ... Ach, das Schlafzimmer! Es glich einer Puppenstube, vollkommen quadratisch mit einem Doppelbett mittendrin, wie das Bett, in dem sie und Nani und Little Si abends gekuschelt hatten.

Nacht, Kleines.

Psst. Kein Wort.

«Sie werden sich bestimmt rasch einleben», hatte die Nachbarin gemeint, als Kassie nebenan den Schlüssel holte. «Sie machen so etwas offenbar häufiger, habe ich gehört.» Die Frau musterte sie eingehend, doch Kassie hatte sich schnell abgewandt. «Die McKays haben mir von Ihnen erzählt», fuhr die Frau unbeirrt fort. «Sie sind nicht die Ersten, deren Haus Sie hüten, also werden Sie sich mit Schlüsseln auskennen», sagte sie, «damit, wie eine Waschmaschine funktioniert und so was alles …»

Obwohl Kassie gar nicht reagierte, redete sie einfach weiter. «Sie werden es gewohnt sein, sich zurechtzufinden, aber wenn Sie Hilfe brauchen …»

«Keine Sorge.» Kassie wandte sich der Frau abermals zu und hielt lächelnd die Hand auf, für den Schlüsselbund. «Ich komme klar, da haben Sie recht. Ich bin fremde Umgebungen gewohnt. Einhüten, Katzen versorgen … ich mache das fast schon professionell.»

Das stimmte in gewisser Weise. Sie hatte das schon ein paarmal gemacht – bei Freunden, die wegfuhren und ihre Häuser nicht leerstehen lassen wollten –, war auf ein paar Wochen eingezogen, hatte die Heizung in Gang gehalten, die Lichter mal ein-, mal ausgeschaltet, um Außenstehenden zu signalisieren, dass jemand daheim sei. Den Leuten waren ihre Häuser bewohnt eben lieber, oder? Wenn sie selbst nicht da sein konnten? Besonders in den Wintermonaten. Die bekämen dem Haus sonst schlecht, sagten sie, als sprächen sie von einem Kind oder sonst wie schutzbedürftigem Wesen. Ein Haus durfte nicht feucht oder dunkel werden, nicht verwaisen, und oftmals, ja, waren auch Katzen, Vögel oder Fische zu versorgen.

Aber in dem kleinen Haus gab es keine Katzen. Und die Nachbarin wohnte wirklich gleich nebenan und hätte ebenso leicht bei den McKays nach dem Rechten sehen können wie nach einem größeren eigenen Haus oder Garten. Also gab es für Kassie eigentlich keinen Grund, da zu sein – und im Innersten, wo sie ihre Geheimnisse hütete, wusste sie das auch. Doch vor ein paar Wochen hatte ihr Sandra McKay erzählt, dass sie mit ihren Töchtern ins Ausland gehen werde, und damals brauchte Kassie nun mal – wie hieß es so schön altmodisch? – ein Schlupfloch? eine Zuflucht? einen sicheren Hafen? Also hatte sie einfach gefragt, ganz unverblümt, ob sie einziehen könne? Rundheraus gefragt, ob sie nicht vielleicht, eine Zeit lang, bleiben könne. Kaum sehr professionell, eigentlich, auch wenn die Frau nebenan das gern glauben durfte, sondern anders motiviert, weil sie etwas – wieder dieses Wort – «brauchte».

Also hatte sie den Schlüssel entgegengenommen und aufgesperrt.

Und es war ein hübsches Plätzchen. Trotz der Lage direkt an der Straße. Es war genau so, wie es Sandra in ihrer E-Mail beschrieben hatte – winzig, wirklich. Mit allem Nötigen versehen, das schon, nur eben in Miniatur – selbst die zierlichen Feuerroste der Kamine waren mit Kienspänen belegt, die mehr wie Zündhölzer wirkten, und daneben lagerten kleine, gleich große, wie eine Traube schwarzer Früchte in einem Weidenkorb gestapelte Eierbriketts, bereitgestellt für die Elfen oder Feen, die mitten in der Nacht einheizen würden. Ja, so kam es ihr vor, außerdem als wäre sie wieder bei ihrer Großmutter, in dem Haus oben im Norden, in dem sie und ihr kleiner Bruder damals ihre Ferien verbracht hatten – denn war nicht auch jenes Haus ihnen stets verzaubert erschienen? Als wäre es auf Puppenhausgröße geschrumpft worden und alles vollkommen und winzig? Wo man nur die Augen schließen musste, und – pfft! würde ein ganzes Zimmer aufleben vor dem Klimpern eines Spielzeugklaviers, prasselnden Flammen im Kamin, einer winzigen Party im kleinen Wohnzimmer, sämtliche Puppen herausgeputzt und im Raum verteilt, als plauderten sie angeregt, tanzten und vergnügten sich.

Sie trieben bei Nani ihre Spiele, Puppenhausspiele. Sie und Little Si taten so, als wären sie winzig und lebten in einem winzigen Haus und gäbe es andere Kinder, Erwachsenen-Kinder, die mit ihnen spielten und ihnen sagten, was sie zu tun hatten. Wenn sie morgens aufwachten, war alles wie an einem Puppenhausmorgen hergerichtet – die kleinen Schüsselchen und kleinen Tellerchen und der Schrank voller Puppenhauskleider. Und abends wurden sie ins Puppenhausbett gelegt, wo sie manchmal gar nicht mit Nani kuschelten, sondern reglos dalagen wie eben Puppen, sehr, sehr still ...

Nacht, Kleines.

Augen im Dunkeln weit aufgerissen, weil Puppenaugen nicht zugehen.

Aber genug von dem Kinderkram. Das alles war lange her, als sie und ihr Bruder noch klein waren, als ihre Eltern noch nicht ins Ausland gegangen waren und sie Nani nie wiedersahen. Und nur, weil dieses Haus sie an jene fernen spieletreibende Tage erinnerte, dachte Kassie, hieß das ja nicht, dass sie sich hier in der gleichen Weise zu Hause fühlen würde. Dies war bloß ein Schlupfloch, nicht wahr – und so würde sie es den Leuten erklären, wenn sie fragten. «Es ist bloß eine vorübergehende Bleibe, wo ich Bilanz ziehen kann», würde sie sagen. «Mehr hat es nicht zu bedeuten.» Wie oft hatte sie das schließlich in ihrem Leben nicht schon getan? Irgendwo ihre Zelte abgebrochen, um weiterzuziehen? Man könnte sogar sagen, das habe in ihrer Kindheit angefangen, mit den häufigen Umzügen ihrer Eltern, bis das Haus ihrer Großmutter der letzte Ort gewesen war, wo sie und ihr Bruder überhaupt längere Zeit blieben – und selbst das nicht sehr lange. Also ja, weiterziehen, wegziehen ... das hier, jetzt, das Gleiche wie die vielen Male zuvor. Sie musste sich nicht einmal auf den ganzen Winter festlegen, wenn sie nicht wollte – auch das hatte ihr Sandra versichert.

«Solange es für *dich* passt, Darling», hatte Sandra gemeint. «So lange, wie *du* willst. Das Haus steht leer. Klar, ich möchte verhindern, dass es leidet. Aber wenn es dir nicht zusagt oder du etwas anderes vorhast, kann ich jederzeit die Ryans nebenan bitten, gelegentlich nach dem Rechten zu sehen. Du sollst nicht das Gefühl haben, dass du bleiben *musst*. Gott bewahre. Mach du es genau so, wie du willst.»

Nur, was wollte sie? Kassie? Das war das Problem. Es fiel offenbar immer schwerer, Entscheidungen zu treffen, überhaupt Pläne zu machen. Und es gab in ihrem Leben nicht gerade massenhaft Leute, die ihr weiterhelfen konnten. Wo also sollte sie als Nächstes hin? Was sollte sie tun? Ihre letzte Mietwohnung war sie natürlich los. Nach dem, was dort passiert war, konnte sie dort keinesfalls bleiben – aber was nun? Ehrlich, sie wusste es nicht, hatte keine Ahnung. Und vielleicht war das Leuten wie Sandra McKay ja klar und selbst der Frau nebenan mit ihrem Gefasel ... Denn das sah inzwischen wohl jede und jeder ... dass sie, Kassie, irgendwie zu der Art Frau geworden war, die immer unsicher sein würde – weswegen sie nicht groß mit Leuten reden konnte, eben weil es keine Klarheit gab, keine Vorstellungen zu ihrem Leben, also gab es nicht viel zu sagen. Weil nämlich letzten Endes ... Wer war sie denn, Kassie? Ihr war, als hätte sie das noch nie gewusst. Nur, dass sie jemanden brauchte, vielleicht, der es ihr sagte, wie beim Spielen: jetzt so und jetzt so. Wie in einem Spiel, bei dem man den Spielsachen sagt, was sie tun sollen.

Nacht, Kleines ...

Nur das nicht.

Pssst.

Das nicht.

Und doch war sie am Tag ihres Einzugs durch die Zimmer gewandert, als könnte dieses Haus ihr zumindest eine Zeit lang ein Zuhause sein. Denn das hatte irgendwie was, dieses vertraute Gefühl, das versprach, dass das, was alles passiert war – ihr, ihrem Bruder ... Vielleicht könnten die winzigen Zimmer hier sie daran erinnern, wie leicht das alles zu vergessen war. Schließlich würde sie Little Si, wäre er nur hier, es zu hören, so gern sagen: Denk daran, wie leicht es früher war zu vergessen, was im Dunkeln passierte, sobald du am Morgen wach wurdest und spielen konntest! Wir *können* vergessen! Natürlich können wir das! Könnte sie ihm, hatte Kassie gedacht, doch nur ein Bild schicken, um ihm zu zeigen, wie sehr das kleine Haus, in dem sie sich gerade aufhielt, dem von Nani glich, das hatte sie auf den ersten Blick erkannt, der direkt durchs Wohnzimmer und die Diele bis zum großen Doppelbett reichte ...

Er nämlich hätte es verstanden, ihr kleiner Bruder, er schon. Das Gefühl, durchs Fenster direkt ins Bett zu schauen. Auch er hätte das Gefühl gehabt, dass alles hier, bis hin zu den Türen und Kaminsimsen und der Art der Fenster und Jalousien ... bekannt war, alles vertraut. Sie waren wahrscheinlich alle zur gleichen Zeit errichtet worden, hätte sie ihm gesagt, diese Arbeiterhäuschen – und zwar unabhängig davon, ob sie in der Stadt oder auf dem Land entstanden, oben im Norden bei der Großmutter oder hier unten ... Sie alle würden denselben praktischen Grundriss mit kleinen Zimmern aufgewiesen haben, mit dicken Türen gegen die Zugluft und die Witterung. Sie würden alle Küchen von der gleichen Größe gehabt haben, als Anbau mit schrägem Dach, mit Gussofen in der Ecke und einem Fenster zum Gemüsegarten hin. Und das konnte doch ein schönes Gefühl sein, oder nicht? Ein anheimelndes Gefühl? Wie wieder in Nanis herrlichem Haus zu sein, dem Haus, das zur Puppenhausgröße geschrumpft werden kann, wenn du nur fest genug daran glaubst, also machst du die Hausfront zu, wenn das Spiel vorbei ist, und keiner weiß, was gespielt wird ...

Psst ...

Du wirst es nie verraten.

Kassie fragte sich, wie Sandra zurecht kam, eigentlich, wo das Haus doch so furchtbar klein war – es schaffte, alles so ordentlich zu halten, wenn sie hier mit ihren vielen Büchern und Unterlagen und noch dazu zwei Töchtern wohnte. Selbst im Kinderzimmer herrschte, als sie einen Blick wagte, dieselbe geordnete Ruhe: die Plüschtiere auf dem weißrosa Bettüberwurf und auf den Regalen als wären sie gerade erst weggeräumt worden, fand Kassie – als hätten Alexandra und Elizabeth sie unmittelbar vor der Abreise nach Europa so zurechtgerückt, dass jedem, der wie Kassie den Kopf zur Tür hereinstreckte, alles hübsch hergerichtet erschiene, alles am rechten Ort.

So war es bei Nani ganz und gar nicht gewesen. Das jedenfalls war anders, sagte sich Kassie. Wenn sie und Little Si dort gespielt hatten, zog sich eine Lotterspur von einem Zimmer ins andere ... Wo du auch hinsahst, Spielzeug und Stifte und Klebstoff ... Denn es fand niemand was dabei, oder? Nani jedenfalls nicht, oder? Wo sie ihr Nähzeug oder ihre Gartengeräte ließ. Sie fand dabei so wenig wie sie interessierte, wo sie, die Kleinen, ihre Scheren und das Klebeband und das Ausschneidepapier und die Farben ließen. In ihrem Haus war alles einfach irgendwo zu finden.

Kassie erinnerte sich an eine Schüssel Mehl mal im Bad, weil ihre Großmutter in der Küche mit den Scones angefangen, dann aber die Schüssel mitgenommen hatte, um auf irgendwas zu antworten, was Si aus dem Bad rief. Ob sie schnell mal kommen könne? Weil er weinen müsse. Es gebe da was, an das er immerzu denken müsse, sagte er, richtig unheimlich, und ob sie nicht schnell zu ihnen in die Wanne steigen könne? Bis es besser sei? Und hatte sie nicht genau das getan? Die Schüssel abgesetzt, neben dem Waschbecken, sich ausgezogen und sich zu ihnen ins warme, schaumige Wasser gesenkt? «Ist ja gut, Kleines», hatte sie gesagt und sie beide gemeint. Trotzdem hatte sie nicht ändern können, was passiert war, ihm nicht nehmen können, woran er denken musste. Und doch ... «Dir passiert nichts mehr», hatte sie gesagt. «Niemand tut dir was.»

Das war ein Winternachmittag gewesen nicht unähnlich dem, an dem Kassie hier eingezogen war. Drei Uhr, der graue Himmel vor den Fenstern zum Greifen nah und einsetzender Regen. Und sie hatte dort in dem geborgten Zimmer in einem geborgten Haus gestanden, die Vergangenheit mit ihren Spielen und winzigen Zimmern rings um sie her übergroß, und sie ein kleines zierliches Spielzeug, wortlos, reglos, Körper wie Gesicht. Den geheimen Teil ihres Selbst tief drinnen, damit nichts hervorbrach und alles verdarb, nicht Laut gab.

Kein Wunder, dass sie ihren Bruder aktuell nie sah, ihn so lange lange Zeit nicht mehr gesehen hatte. Jeder muss Geheimnisse auf seine Weise bei sich behalten; nur das hatte er damals, kleiner Junge, nicht gekonnt – so hatten letztlich ihre Eltern erfahren, was dort oben in Nanis Haus vorging an den Abenden der weit aufgerissenen Augen und des lauernden Fensters, wenn Nani nicht im Bett mit ihnen kuschelte ... Aber inzwischen konnte er es sicher, oder? Jetzt, wo er verheiratet war und selbst Kinder hatte und hingezogen war, wo er weder Kassie noch irgendwen sonst sehen musste, der ihn an irgendetwas von dem erinnern könnte, was vor so vielen Jahren passiert war. Verrückt also, dass sie sich vorstellte, sie könnte ihm ein Bild von dem kleinen Haus schicken. Als würde er davon etwas wissen wollen – von den kleinen Zimmern und dem starrenden Bett. Bestimmt hatte er sich vergessen lassen, wie sie hätte vergessen wollen, wäre da nicht vorigen Monat diese Sache passiert, ihr passiert, und hätte er hinterher nicht so fürchterlich ähnlich *psst* gesagt, genau wie der andere Mann damals, als sie Kinder waren, der, der vor dem Schlafzimmerfenster stand und ans Glas klopfte, riesig, mit riesigen Händen, bis Nani aufstand und ihn hereinließ ...

Das alles stieg in Kassie auf, wenn sie nachts in dem kleinen Haus im Bett lag, all die Gedanken: wie es hier einiges gab, was gleich war, aber auch wieder nicht. Der Rhododendronbusch, der in windigen Nächten gegen die Hauswand schlug, wenn sie lesen oder schlafen wollte. Bei Tage die Farbe der heftigen Blüten am Fenster, die nach Anerkenntnis verlangten, Erinnern. Als wäre die ganze Vergangenheit wieder da – Kinder und Häuser und Sicherheit; wie man drinnen sein konnte und kuschelig, das Haus selbst aber dennoch den Elementen ausgeliefert, allem, was passieren konnte. Fenster, durch die man auf den dunklen Garten blickte, jemand draußen, der hereinblickte.

Nacht für Nacht stieg das alles auf. Alles bloßgelegt in den Fenstern des kleinen Hauses, und obwohl Kassie glaubte, sie gewöhne sich daran, der Welt so ausgesetzt, so ungeschützt zu sein, spürte sie dennoch, wie der geheime Teil ihres Selbst immer ängstlicher wurde, sich in die hintersten Winkel verkroch, als wäre sie selber ein kleines Haus und müsse sich schützen, während doch die Fenster den Blick ins Innere aller Zimmer erlaubten und es kein Versteck gab. Manchmal kam sie sich nachts im Bett vor, als wäre *sie* das da draußen im dunklen Garten im Regen zwischen den peitschenden Büschen und sähe auf sich selbst herein wie auf eine Puppe, die über Nacht im Puppenhaus liegengeblieben war.

Eines Nachts träumte sie. Das war etwa zwei Wochen nach ihrem Einzug – bei noch unverändert winterlichem Wetter und abends unweigerlich aus den Hügeln fallendem Wind. Sie träumte, ihr Bruder sei wieder da, sie drei zusammen bei Nani in der Küche; dann ein schrecklicher

Schlag und alles wurde schwarz, und da wachte Kassie auf – in Todesangst, ihr Herz klamm, als wäre es stehengeblieben. Da war jemand, war schnurstracks ins Haus gekommen, ins Zimmer, in dem sie schlief. Er stand vor der Tür, genau wie der Mann, der letzten Monat in das Haus eingedrungen war, in dem sie zu der Zeit wohnte, und die Polizei hatte versichert, man habe ihn gefasst, aber nun war er hier, im Zimmer, in diesem Moment. Sie saß kerzengerade im Bett, der Dunkelheit vollkommen ausgeliefert, horchte angestrengt ins blicklose Zimmer ...

Die Geräusche dieses Mannes und des anderen, den ihre Großmutter einst hereingelassen hatte, der sie stets *Kleines* genannt hatte, der ihr und ihrem kleinen Bruder hinterher im Dunkeln sein *Psst* zugeflüstert hatte ...

Ihr fiel das Herz und fiel, als sie hochschrak und wieder nach ihm horchte, wartete ...

Auf das immer gleiche Geräusch, den schrecklichen Schlag ... Es steigt jemand ein, er ist schon drin ...

Aber nein. Was sie hörte, war nur der Busch, der gegen die Scheibe schlug, der Rhododendronbusch am Fenster.

Und sie atmete langsam aus, mit jeder Sekunde sahen ihre Augen im Dunkeln besser.

Denn da war niemand. Niemand, der ihr etwas tun wollte. Sie war vollkommen allein.

Trotz der Kälte stieg sie aus dem Bett und ging ans Fenster. Der Himmel war dunkelviolett und voller weißblitzender, vom Wind gejagter Wolken, sternlos, doch als sie durchs Glas starrte, sah sie, dass halb verschleiert hinter den Wolken der Mond schien und dass es gar nicht dunkel war, sondern mondhell. Es war der Mond gewesen, der hereinsah, während sie schlief, die Zimmer des Hauses mit seinem fahlen Licht füllte, bis sie überall hinsehen konnte, begriff Kassie, selbst bei so viel Wind, überallhin. Und der Garten, den sie als an den Rändern schwarz vor Sträuchern und kleinen Bäumen empfunden hatte, sah still und offen und nächtlich leer aus, ihr fremd und doch wunderschön, als wäre der Rasen mit Milch bestrichen.

–

Monate nach der Entstehung dieser Geschichte dort am Schreibtisch in dem viktorianischen Cottage in Thorndon las ich sie vor Publikum auf einer weiteren Mansfield-Tagung, diesmal in Menton, wo Mansfield eine Zeit lang in einem Haus glücklich war, das etwas erhöht am Hang über dem glitzernden Blau der Rivierabucht liegt und das mich auf den ersten flüchtigen Blick an Wellington erinnerte. Lag es an dem grünen Hinterland um Menton, nicht unähnlich dem dichten Busch mit den dunklen Koniferen, der sich hinter Wellington ganz von Wadestown bis nach Brooklyn zieht? Oder an Teilen der Standpromenade, die mich kurz an Oriental Bay denken ließen? Lag es am Verlauf bestimmter Straßen, die mich einen Augenblick glauben machten, ich wäre auf dem Lambton Quay unterwegs? Oder am speziellen Blau des Wassers, das an besonders klare Wellington-Tage erinnerte, etwa den, an dem ich an die Days Bay fuhr, um mir das Haus aus Katherine Mansfields Erzählung «An der Bucht» anzusehen, aber ebenso den beim Heimweg nach einem unserer Ausflüge am silberblauen Flusslauf im Hutt Valley?
Solche Gedanken stiften in dem Maß Verbindungen,

wie meine Mansfield-Lektüre und meine eigene Literatur sich verquicken. «Mir gefällt es hier besser und besser», schrieb die Autorin 1920 von ebender französischen Riviera, an der ich meinerseits über Wellington nachdenken sollte. «Hier wird man seiner Umgebung so gewahr, wie es mir einst nur mit Neuseeland erging. Will sagen, wenn ich dort eine Wanderung unternahm, mich unter eine Kiefer legte und zu den fedrigen Wolken hinter den Nadeln hochsah, kehrte ich *mit Kiefer* heim, verstehst Du?»

Für mich sind diese Orte natürlich ein und derselbe Ort. Das kleine Haus, in dem ich während meines Wellington-Winters schrieb, war natürlich das kleine Haus der Erzählung, ihrer wie meiner. Mein Notizheft füllte sich natürlich mit Fakten über die Lebenswelt Katherine Mansfields, mit Besuchen an diesem und jenem Ort – Thistle Inn, Days Bay und Eastbourne, Lambton Quay und Waterfront, den Steigen und Stiegen des Zickzackwegs von meiner alten Schule bis zur ehemaligen Bushaltestelle. Alle diese Orte waren real *und* fiktional, zu Geschichten und Erzählungen gemacht, die in meinem Kopf so gegenwärtig waren wie meine eigenen Erfahrungen und Erinnerungen. Dort in Karori stand das Haus, von dem «Vorspiel» handelt, und hier, in ebender Straße, in der ich wohnte, stand natürlich das Thorndon-Haus, in dem diese Geschichte ihren Anfang nimmt – «auf dem Rasenstreifen am Tor», wo Lottie und Kezia mit großen Augen zu ihrer Mutter hochsehen. Zu dem Haus zog es mich immer wieder hin ...

WELLINGTON-NOTIZEN

Ich hab' die kleine Lampe gesehen. Ich bin die Tinakori Road hinabgeschlendert, durch die Tür zum butter-
milchfarbenen puppig kleinen Mansfield-Museum und
Geburtshaus getreten und in die warmen, spitzengardi-
nenverhangenen Räume, die Kezia in «Vorspiel» hinter sich lässt ... ich war drinnen. In ebendem Haus, das
noch immer ein Puppenhaus beherbergt, demjenigen der
Geschichte nachgebildet, die wir alle lieben ... Und mir
war, als fände ich dort vor, was immer schon da gewesen
war, nur versteckt. Wie eine Nuss in der Schale, ein Kern
in einem Stück Obst, eine winzige Spielfigur in einem
Glückskuchen ...

Es ist das Gefühl, das mich nach Wellington geführt
hat.

Schon seit einiger Zeit denke ich immer häufiger darüber nach, inwiefern das Thema Heimat und Heimatlosigkeit, wie es ein Gutteil des Lebens Katherine Mansfields beherrscht und geprägt hat, mein literarisches
Vorgehen beeinflusst. An die Schauplätze der eigenen
Vergangenheit zurückzukehren und der Idee einer Art
erzählerischen Wiedereinbürgerung nachzugehen ... das
schien unumgänglich. Und so ist meine «Heimkehr»
jetzt in das Wellington meiner Kindheit wie auch das
Wellington der entscheidenden Kindheits- und Jugend-
jahre Mansfields, um aufzudecken, was hinter den Straßen und Fassaden liegt, um die Hausfront meiner Vergangenheit zu öffnen, sie weit aufzuklappen und hinein
zu spähen, von konkreter wie symbolischer Bedeutung.

Mansfield kannte das Gefühl nur zu gut – ein Land

und alles darin als verlorenen, verlassenen und doch un-auslöschlichen, in der Erinnerung umso stärker präsen-ten Ort, als er unverändert bleibt; er wird nicht in der Gegenwart wiedergewonnen, sondern in den funkelnden «Smerackten» der Erinnerung bewahrt, aus denen sie ihre eigenwillig präzisen Erzählungen schmiedete.

Doch wo – in der Vorstellung oder im Leben – wäre dieser Ort? Und woraus – Satz für Satz, Erinnerung für Erinnerung – ist er gemacht?

Nun, ich denke, der Stoff ist wie in jeder Geschichte von alltäglichster Art. So wie die hübsche Konstruktion im «Puppenhaus» aus bemaltem Holz und «massiven» kleinen Schornsteinen besteht, so wurde mir «Heimat» hier zu einem Gebilde von herrlicher Suggestions- und Einbildungskraft, und doch fast «real». Das Cottage, in dem ich wohnte, wurde wie ein Großteil des noch jun-gen Stadtviertels Thorndon im ostentativen, zierreichen viktorianischen Stil erbaut – typischerweise mit reichem Schnitzwerk an den Veranden, einem großzügig zweistö-ckigen Aufriss, üppigen Rasen und stattlichem Baum-bestand –, der Mansfields Erinnerungen an die Ver-gangenheit färbte und dem «Gartenfest» wie anderen Geschichten als Szenerie diente. Es ist ein Geschenk ge-radezu, hier an diesem speziellen Ort wohnen und arbei-ten, mich in Mansfields Literatur und Leben versenken, mich erinnern zu dürfen, inwiefern auch für mich zwei Welten sich treffen und zum Mehrwert einer Erzählung beitragen können, einer, wo jede Blüte, jedes Gartentor den Nachhall irgendwelcher Geschichten, Brieffragmen-te, Tagebucheinträge transportiert, wo jede Straße auf meinem Weg mich vom «Gartenfest» zum «Geburtstag» führen könnte, oder auch dahin, wo «Der Wind weht».

Genau das ist «Heimat».

Für Mansfield spielt sich alles Wesentliche im Haus, im Heim ab. Familien bestimmen mit ihrer chaotischen Wurstelei, mit gnadenlosen Enthüllungen und ungebetenen Intimitäten das Geschehen; ihr Geschrei, ihr Streit, ihre Herzensangelegenheiten füllen so unerbittlich die Seiten wie einst Königsgeschlechter über unsere Epen und Balladen geboten, während zwischen den Buchdeckeln langer Prosaerzählungen Helden und Heldinnen und überlebensgroße Figuren agierten; sie beherrschen unsere Romane bis heute.

Hier in «Das Gartenfest» ist eine solche Familie zu hören – und wir staunen, wie rasch, nämlich schon auf der ersten Seite ihrer Geschichte, Mansfield uns die Tür öffnen und gleich unter den Sheridans Platz nehmen lässt, die sich auf den großen Anlass vorbereiten:

Und das Wetter war schließlich ideal. Auch auf Bestellung hätte der Tag für ein Gartenfest nicht vortrefflicher sein können. Windstill, warm, keine Wolke am Himmel. [...]

Das Frühstück war noch nicht vorüber, als die Männer kamen, um das Festzelt aufzubauen.

«Wo soll das Zelt aufgestellt werden, Mutter?»

«Mein liebes Kind, frag mich nicht. Ich bin entschlossen, dieses Jahr alles euch Kindern zu überlassen. Vergeßt, daß ich eure Mutter bin. Behandelt mich wie einen Ehrengast.»

Aber Meg konnte unmöglich hingehen und die Männer beaufsichtigen. Sie hatte sich vor dem Frühstück die Haare gewaschen, und sie saß da und trank ihren Kaffee in einem grünen

Turban, und eine feuchte dunkle Locke klebte ihr auf jeder Wange. Jose, der Schmetterling – sie kam immer in einem seidenen Unterrock und einer Kimonojacke herunter.

«Du mußt gehen, Laura; du bist hier die Künstlerische.»

Laura eilte davon, mit dem Butterbrot in der Hand. Es ist so köstlich, einen Vorwand dafür zu haben, im Freien zu essen, und außerdem liebte sie es, Dinge zu organisieren ...

Das beherrschende Thema in diesem häuslichen Kosmos steht schon nach diesen paar Absätzen außer Frage – wie rasch wird es gesetzt, wie rasch sind wir mittendrin, zwischen Schwestern und Mutter. Mit wenigen weiteren Zeilen vervollständigt Mansfield die häusliche Szene: die Mutter an ihrem Frisiertisch, die Platten mit den Schnittchen in der Küche. Wir sehen den geschorenen grünen Rasen mit den Rosenbeeten, «die grünen Büsche neigten sich, als wären sie von Erzengeln besucht worden». Wir sehen die stolzen Bäume, blicken den «Gartenweg, die Stufen hinauf, über die Veranda» in die Diele.

«Alle Türen im Haus schienen offenzustehen», schreibt Mansfield.

Das Haus war erfüllt von leise huschenden Schritten und herumirrenden Stimmen. Die mit grünem Fries bespannte Tür, die zur Küche führte, schwang auf und mit dumpfem Knall wieder zu. [...]

Die Haustürglocke schellte, und auf der Treppe war das Rascheln von Sadies Kattunrock zu hören.

Und so weiter. Um uns mit dieser von ihr erschaffenen Welt vertraut zu machen, lässt es Mansfield an nichts fehlen.

Als ich das Geburtshaus der Schriftstellerin besuchte und aus dem dunklen, nassen Winternachmittag ins Innere trat, empfing mich sogleich das alte viktorianische Neuseeland. Umschloss mich. Ein im Geiste des British Empire geformtes Land mit Häusern, die möglichst aussehen sollten wie jene in der alten Heimat am anderen Ende der Welt, mit Salons und Zimmerpalmen, winzigen steifen Stühlen und einem zierlichen Tisch mit Teeservice. Mit Chinoiserien und bestickter Tischwäsche, dem billardgrünen Tuch auf dem Küchentisch, an dem die Beauchamp-Mädchen und ihr kleiner Bruder Brot und Milch vorgesetzt bekommen haben dürften, ehe sie ins Kinderzimmer hinauftrapsten zu Schaukelpferd und Arche Noah. Ein Heim reich an Hinweisen auf die gesellschaftliche Stellung wie auf die häusliche Situation. Indizien sowohl für die Aufstiegsträume wie die üblichen Abläufe bei diesen drei unter einem Dach versammelten Generationen, die hier sprachen, spielten, lasen, stickten, schrieben.

«Jetzt habe ich die kleine Lampe gesehen», sagte meine Tochter Millie, die mit ihren zehn Jahren nicht viel älter ist als in der Erzählung Kezia – die sie zuerst sah. Auch ihre jüngere Schwester Katherine hat sie gesehen. Sie wollte gleich mit der Hand in die Puppenstube greifen und sie berühren, alles in die Hand nehmen. Das will ich auch, eigentlich. Mehr über Katherine Mansfield erfahren, indem ich in ihr Leben schlüpfe ... Wir glauben ja, Schreibende besser zu verstehen, nicht wahr, wenn wir mit eigenen Augen die vielen Kleinigkeiten sehen, die einst die kindliche Fantasie anregten und sich dann zur Erinnerung verfestigten, von der später die Erwachsenen zehren, die sie gleich einer Offenbarung mitten in einem Absatz aufblitzen lassen oder zum Keim einer ganzen Geschichte ausbauen? Meinen Töchtern ging es nicht anders als mir, wenn sie ins Puppenhaus fassen wollten ...

Aber mir war außerdem so, als wäre ich längst drin. Es reichte, im Haus an der Tinakori Road auf dem ersten Treppenabsatz zu sitzen und zum hohen Fenster hochzublicken, um an einem stürmischen Winternachmittag ganz für mich zu sein – das Haus still bis auf die Wucht des Südwinds draußen, der im Gebälk und am Schornstein rüttelte, der im Neuseeland-Flachs wütete, die Pohutukawa-Bäume und die Manuka-Sträucher mit Regen peitschte ... und ich ganz da, in meiner eigenen Geschichte ...

Der Geschichte einer Frau, die jetzt, wo sie da ist, am unteren Ende der Südhalbkugel am anderen Ende der Welt, schon dadurch, dass sie alles ringsum genau registriert, viel darüber erfährt, wo ihre eigenen Ideen herrühren. Die von den Stufen aufspringt, wo sie hockt wie ein Kind, das am Treppengeländer dem Gemurmel der Erwachsenenstimmen im Salon lauscht und prompt von ihrer Granny in die Küche gerufen wird. Dort ist es warm, der Raum freundlich. Ihre kleine Schwester spielt in der Ecke mit einem Puppenhaus, während ihre Großmutter am Gussofen hantiert; die erwachsene Frau sieht sie beide, während umgekehrt von ihr niemand Notiz nimmt oder sie auch nur bemerkt. Das Gesicht ihrer kleinen, ins Spiel vertieften Schwester ist hinter einem Schopf Haare verborgen, sie bewegt die Puppen durch die Zimmer und leiht ihnen piepsige Stimmen, lässt sie auf Sofa und Stühlen Platz nehmen. Draußen vor dem Fenster rauscht eine Schnellstraße vorbei, wo früher eine im dichten Buschland kaum auszumachende Schlucht war – ein paar Nikau-Palmen, Manukas, Pongas und Keulenlilien hat man stehen lassen –, ein tiefer Spalt, an dessen Grund irgendwo im Urwald ein Bach floss. Die Frau sagt zu sich: Das wird die Aussicht Katherine Mansfields gewesen sein, wenn sie hier am Küchenfenster stand ... diese Bäume, dieser Himmel ...

Da blickt das Kind in der Ecke hoch. Ihr kreideweißes Gesicht verrät, dass etwas nicht stimmt. Es ist verzerrt, der Mund offen vor – Angst? Schreck? Verzweiflung? Als hätte die Kleine etwas gesehen, was sie nicht sehen will? Etwa einen flüchtigen Blick auf die Zukunft erhascht? Den Schatten einer anderen Geschichte? Als wäre sie selber ein Geist, andere Version einer anderen in diesem Haus geborenen Schwester, die wenige Tage später stirbt ... deren Bild – sie liegt mit geschlossenen Augen steif in den Armen ihrer Großmutter – jetzt im Esszimmer hängt ...

All das sieht die Frau gleichzeitig, erinnert sich, schreibt auf. Obwohl keine Kinder im Haus sind. Obwohl draußen eine Schnellstraße verläuft, keine steile Schlucht. Obwohl jetzt nicht damals ist. Will sie dennoch zu der Kleinen in der Ecke sagen: Komm! Als könnte sie direkt in die Geschichte treten, in die Vergangenheit zurückgehen und wieder Teil von ihr sein, etwas aus ihr retten. Doch die Kleine sieht und hört nicht. Sie muss bleiben, wo sie ist, in der Küche bei ihren Puppen. Wieder rennt der Wind gegen das Fenster an und rüttelt am Rahmen, lässt leise die Tassen auf der Anrichte klirren, doch das kleine Haus hält stand. Die Lampe steht fest auf dem Tisch. Unverändert.

4

– Sonne und Mond –

Am Nachmittag kamen die Stühle, ein ganzer, großer Wagen voll mit kleinen goldenen Stühlen, welche die Beine in die Luft streckten. Und dann kamen die Blumen. Wenn man vom Balkon hinunterblickte auf die Leute, die sie trugen, sahen die Blumentöpfe wie lustige, sehr hübsche Hüte aus, die nickend den Gartenweg heraufkamen.

Moon glaubte, es seien Hüte. Sie sagte: «Schau mal. Da ist ein Mann mit einer Palme auf dem Kopf.» Sie wußte nie den Unterschied zwischen Dingen, die es gab, und Dingen, die es nicht gab.

— Katherine Mansfield, «Sonne und Mond»

Als ich meine Töchter zeitverzögert zu mir nach Wellington holte, trafen sie an einem weiteren kalten, regenpeitschenden Tag ein. Der Wind wehte nicht so heftig wie bei meiner Ankunft im Mai – und die lag gefühlt so lange zurück, dass im Cottage alles wohnlich und heimelig wirkte, uns willkommen hieß: die Betten gemacht, die Mäntel der Mädchen an ihren Haken in der Diele, ihr Zimmer bereit und mit Schnickschnack verschönert, den ich bei Kirkcaldies besorgt hatte, Wellingtons vornehmstes Kaufhaus –, aber es war dennoch dunkel, dunkel, wie es nur in Wellington wird, im Winter, in der kalten Jahreszeit. «Der Regen trommelt an die Fenster», schrieb Katherine Mansfield 1907 in ihr Notizbuch, «ein

Sturmwind heult wild & gräulich ... Nichts hier als Nacht & Winterregen.»

Teils sorgen schon die Topografie, der Tageslauf der Sonne und die dicht bebaute, umschlossene Natur der Stadt dafür, dass der Winter eine eigene Farbe hat, das Dunkel besonders tief und trogartig gerät. «Noch mal Alpers-Einleitung lesen», steht auf einen Merkzettel gekritzelt, den ich mir gut sichtbar hingelegt hatte; gemeint war die Mansfield-Biografie, die in Fachkreisen als erste fundierte Lebensbeschreibung der Künstlerin gilt. Weil er es begriffen hat: «das andere Licht, sein rasches Schwinden in der Südhemisphäre allgemein und besonders in diesem Erdenwinkel, in Wellington, wo das Licht so schnell hinter den Hügeln versinkt.»

«In Senken und Schluchten ist der Busch dicht, feucht und dunkel», fährt Antony Alpers in *The Life of Katherine Mansfield* fort, 1953 erstmals veröffentlicht und 1980 in einer erweiterten und überarbeiteten Fassung erneut aufgelegt.

Und die Vögel halten sich bevorzugt in den Baumwipfeln auf. Steigt man an einem schönen Morgen bergan, dünnt sich der Busch aus und wird zu lichtem, sonnengestippelten Buchenwald. Von dort sieht man hinter der Hafeneinfahrt auf der Südinsel den eisblauen Gipfel des Tapuae-o-Uenuku, knapp 3.000 Meter hoch und knapp 150 Kilometer weit weg. Der Hügelkamm selbst liegt 300 Meter über dem Strand, gleich dahinter kommt der nächste und der nächste, und jeden Grat und jedes Tal überzieht der dichte dunkle subtropische Busch, der wie belebt scheint, und das umso mehr, je näher der Abend sich darin heranpirscht.

Die Sonne versinkt hinter den Hängen von Karori; jenseits der Cookstraße glüht die Westflanke des Tapuae-o-Uenuku vor eisigem Feuer, und unversehens wird Wellington, weil es in Neuseeland so gut wie keine Dämmerung gibt, im Dunkel zu einer am Wasser blinkenden Lichterkette.

Ich hatte den Alpers vor Jahren schon einmal gelesen, während des Studiums, aber jetzt stürzte ich mich erneut darauf. Wie bei anderen Mansfield-Relektüren war mir, als läse ich sein Buch zum ersten Mal – jedes Detail schien frisch und belangvoll. Die Biografie glich hierin Mansfields Erzählungen, schien noch bedeutsamer, desgleichen die Briefe und Notizbücher – von denen ich manche in der Alexander Turnbull Library persönlich hatte einsehen dürfen. «Oh, eine Bibliothek zum Niederknien!», hatte wenige Tage vor meiner Abreise eine Kollegin in Dundee geschwärmt, selbst Historikerin und Archivarin. «Und du Glückliche wirst nur einen Steinwurf entfernt wohnen!» Sie hatte recht. Ich konnte dort zu Fuß hingehen, so wie Mansfield ihrerseits gern in die Hill Street schlenderte zur damals noch General Assembly Library genannten Parliamentary Library direkt gegenüber von St. Mary's College und den Convent Gardens, den Blick hinauf in den «perlgrauen Himmel» über dem Hügel gerichtet, «der sich wie eine große Mauer um die kleine Stadt zog», um in der Stille der bücherbewehrten Säle zu lesen und lesen und lesen.

Egal, wann und wohin ich ging, stets gab es den perlgrauen Himmel und das Dunkel des subtropischen Buschlands, hier Licht, da Schatten – Tag und Nacht, Sonne und Mond. Die Intensität der Wintertöne in

Wellington ... der grelle Kontrast zwischen Sonnen- und Schattenseite ...

Frühmorgens, wenn Millie, Katherine und ich die Tinakori Road hinabspazierten zum Queen Margaret's College, sahen wir die Wintersonne gerade erst über dem Gebirgszug der Remutaka Range hervorlugen, in der frostigen Luft riesengroß, eine feurig rostrote Scheibe, deren Glut die dünnen Schichten fahlblauer Winterluft und Wolken erfasste und färbte. «Dieser *Glast*», sagte ich zu den Mädchen. «Da muss ich an Miltons Wortschöpfung *effulgence* denken. Oder Wagner ...» Und ich summte ein bisschen von der Einleitung zum *Rheingold*, diesem mit Eintritt der Geigen angedeuteten Werden und Wachsen der Sonne. «Bitte, Mum, NICHT!», riefen sie peinlich berührt. «Wir sind doch gleich da.»

Also ja, Licht gab es zur Genüge, die Sonne ging unfehlbar auf, und gerade nach windigen Nächten, die den Himmel von jedem letzten Staubkorn freiputzten, waren manche Tage so vollkommen, dass man hätte meinen können, die ganze Welt sei ringsum eifrig aufpoliert worden, ein gehämmerter und mit Emailfarben verzierter Rundschild. Grasgrün. Goldblau und -gelb. Jedes Blatt am Baum minutiös nachgeformt, jede Rille der roten Wellblechdächer. Das Wasser des Hafens wie eine Glasur. Wir hatten für jeden Tag einen Plan – bestimmte Vorhaben. Nach Schulschluss gingen wir in den Botanischen Garten, wo wir ein eigens erdachtes Spiel spielten – «die fünf Wege»; es sah vor, dass wir abwechselnd den einzuschlagenden Weg wählten und diesem bedingungslos folgten, gleich wohin er uns führte. Zur Magnolia Avenue? Zur Seilbahn? Freitags gab es im Café Astoria Tee und Kuchen: die «Melting Moments» aus dem *Edmonds Cookery Book*, «Matrimonials» mit Marmelade und Kokosraspeln. Wir shoppten am Lambton Quay. Besuchten das Wellington Museum, Galerien. Am Wochenende nahmen wir manchmal die Fähre nach Days Bay und besuchten Mary, und die Mädchen lernten vor ihrer Haustür auf dem flachen Stück Strand Fahrrad fahren. Oder wir gingen in ein Konzert in der St. Paul's, der Kirche, wo, wie ich ihnen erklärte, meine Eltern geheiratet hatten – das Foto im Rahmen auf meinem Frisiertisch, ihr wisst schon. Mit dem Spalier Dudelsackspieler am Portal und meiner Mutter, die im Oktoberwind ihren Schleier zu bändigen sucht. «War sie gern hier in Wellington, deine Mum?», fragte Millie. «Sehr», sagte ich.

Licht, Licht, ja Licht – aber direkt dahinter lauernd das Dunkel. Ein alter Freund, Philip Gini, hatte mir netterweise aus der Wellington Library ein Buch beschafft, das mir keine Ruhe ließ. «Sie meinen, du kannst es behalten, so lange du willst», sagte Philip. «Sag mir einfach Bescheid, und wir verlängern.» Und ich behielt es in der Tat lang. Ich hatte vor meiner Abreise in der *London Review of Books* eine Besprechung gelesen und wusste, irgendwie, dass ich – die ich Licht gegen Dunkel eintauschen sollte, Sommer gegen Winter, Gegenwart gegen Vergangenheit – um dieses Buch nicht herumkäme. Der Titel lautet: *Caves and the Ancient Greek Mind*, und geschrieben hat diese eingehende wissenschaftliche Studie des Persephone-Kults, der Geschichte und Bedeutung des Dunkels und des antiken Rituals des Abstiegs in die Unterwelt die Archäologin und Altertumsforscherin Yulia Usinova. Das Werk schien mir die perfekte Folie für Wellington zu bieten, für meine Wanderungen aus der Wintersonne der Zickzackwege weit oberhalb des Randell Cottage hinab ins Tal der Schatten tief darunter, der finsteren Straßen und der aus dem Dunkel der Cookstraße dahinter anbrandenden Fluten. Dorthin stieg ich ab, kehrte im letzten Licht von den Kämmen des Green Belt zurück in die Schatten des kleinen Hauses. Und sie war nicht ohne Schrecken, diese Fallhöhe zwischen Tag und Nacht, die manchmal aus den Tiefen aufsteigende Trauer, die mich zu sich herabzuziehen und zu verschlingen drohte ... Das ist das wahre Wellington, wisperten in der wintrigen Luft die Schatten. Es gibt kein Entkommen.

In ihrer Geschichte kehrt Mansfield Licht und Dunkel im Wesen ihrer Figuren um. *Sun* ist es, die zur Strafe ins Kinderzimmer zurückgeschickt wird. *Moon* hingegen sehen alle im Haus viel nach. Gerät *Moon* den Leuten zwischen die Beine, werfen sie das Kind einfach hoch und schwenken es, bis es kreischt vor Vergnügen. *Moon* ist das rauschende Fest, *Sun* der dunkle Gegenspieler, den es nicht stört – «nicht sehr», dass man ihn nicht beachtet. Und doch bleibt die Machtfinsternis des einen Kindes über das andere, die kaum merkliche, vernichtende Verschiebung von hell nach dunkel, je mehr die eine Stimmung – von *Moon* – so achtlos, unbedacht und machtvoll die andere – von *Sun* – verfinstert, das fesselnde Thema dieser sperrigen kleinen Geschichte, in der sich Gefühle als ebenso labil und schnell zerronnen erweisen wie das Eiscremehaus – «Und das kleine rosa Haus mit dem Schnee auf dem Dach und den grünen Fenstern war kaputt – kaputt – halb geschmolzen stand es mitten auf dem Tisch.»

Mansfield kannte dem plötzlichen Umschlag von perfekt zu Chaos, jenes «Oh! oh! was war passiert?» der Geschichte, sie kannte das Gefühl des schwarzen Sturzes in den Abgrund, des rasanten Abstiegs in die Unterwelt. Sie musste ihr ganzes Schreiben, ihr ganzes Leben in Anschlag bringen, um sich aus dem Dunkel zu befreien. Sie musste, so schien es manchmal, alle schöpferische Kraft aufbieten, um überhaupt ihr Leben zu bewältigen, ganz zu schweigen davon, sich aufzuschwingen, den bestickten Schal umzulegen und in die Nacht hinaus zu schreiten. «Gefühle? Kaum», vertraut sie ihrem Notizbuch an. «Bin ich trotzdem auf dem richtigen Weg? Nein. Noch nicht. Beobachte bloß – und erstatte Bericht. Ich bin mir nicht eins ... eine der KM bereut. Klar. Und die muss sterben. Gib ihr bloß keine neue Nahrung.»

Ich fand eine weitere Liste aus der Zeit unmittelbar nach meiner Ankunft, als das Dunkel, meine Vergangenheit, die Trauer mich zu verschlingen drohten. Die Aufzählung sollte mich schützen.

Zum einen diese Liste zu erledigender Dinge:

Kontaktdaten für:

alle vom Randell Cottage Writers Trust – alle, die dazu beigetragen haben, mir den Aufenthalt, diese Zeit hier an diesem Ort zu ermöglichen;

alle, die mit Katherine Mansfield zu tun haben – KM House and Gardens; Victoria University; Turnbull Library;

Taxiunternehmen vor Ort;

Computer-Support für Laptop;

ehemalige Schule, Anmeldung meiner Töchter, die nachkommen sollen;

Bürobedarf – Papier, Druckerpatronen, Briefmarken, Umschläge

Vorräte:
  Brot
  Milch
  Wein
  Saft
  Pasta

Eine Liste von allem, was ich sonst brauchen würde.
  Eine weitere To-do-Liste, diesmal für den nächsten Tag:

Supermarkt;
  Bücher besorgen, Leseliste;
  Liste der Kontaktdaten erstellen, E-Mail-Adressen;
  Liste der zu schreibenden Texte erstellen, Zeitschriften;
  Mail an die Katherine Mansfield Society schicken;
  Mail an die Uni Dundee schicken;
  Daheim anrufen

Daheim.

Anmerkung unter der letzte Liste: Der Klang des Regens auf dem Wellblechdach der Abseite in der Küche in Thorndon. Die Ähnlichkeit mit Hagel, mit Steinen.
  Weitere Anmerkung: Wie tiergleich das nasse Buschland hinter dem Haus bei Sturm erscheint. Wie es sich bäumt und bockt.
  Der To-do-Liste anfügen:

Flanellbettwäsche kaufen, wie wir sie früher in Wairarapa hatten. Es ist kalt hier. Auch im Haus.

Merran anrufen. Ihr bestätigen, dass ich Flanellbettwäsche brauchen werde, wie Nana sie damals hatte.

Notiz: Vergiss nie wieder das Geräusch des Wellington-Winds.

Und dieser Wind ... er heulte in der ersten Nacht in Wellington, als wollte er mich holen, und der Regen, der wollte gar nicht mehr aufhören ... Wind und Regen, wie sie mir in so vielen Geschichten, Briefen und Tagebucheinträgen Mansfields begegnet sind, in Momentaufnahmen, Momenten nicht selten höchster Bedrängnis. Ich selbst schrieb auch nur momentan. Mehr schaffte ich manchmal nicht.

REGEN

Was sollst du groß machen, Regen
als fallen, fallen.

Ich falle doch selbst.
Meine Mutter war Regen,

mein Vater. Alle meine Kinder,
meine Mädchen, die kleinen Jungen

gehen nieder, dorthin,
wo die Erde wartet.

Die Wolken, der Himmel ... die Luft, die uns hielt,
lässt los.

Wenn die Vergangenheit droht, die Finsternis, ist Vorsicht geboten. Tief ein- und ausatmen. Ein. Aus. «Grau rieseln Gedanken mir in die Seele, grau wie auf die Welt der Regen», schrieb Mansfield frei nach Verlaines Zeilen «Il pleure dans mon cœur». Wird die Vergangenheit nicht gebannt, bleibt ihre Macht womöglich ungebrochen. Mit ein Grund für meine Reise nach Wellington war der Wunsch, den bösen Zauber aufzuheben, in die Höhle hinab- und doch wieder aufsteigen zu können, um wie Persephone bei der Mutter in der Sonne zu weilen. Nur war meine Mutter, als ich, noch dazu mitten im Winter, anreiste, lange, lange schon tot – würde ich sie wirklich aufspüren können? «Du solltest lieber nicht nach Wellington zurückkehren», hatte doch meine Schwester gesagt, nicht wahr? Zurückkehren an den Ort meiner Geburt, den Ort, den meine Mutter so geliebt hatte, den Ort ihrer letzten Ruhestatt zwischen den Rosen und Rasen des Karori-Friedhofs. Es war meine Tochter Katherine mit ihrem klaren Blick und ihrer Liebe zum Detail, ihrem Drang, stets zum Abschluss zu bringen, was sie beginnt, die schließlich die Namenstafel an der Wand fand. «Ich hab sie!», rief sie am Morgen, an dem wir auf der gewundenen Straße den steilen Hang hinauffuhren, die zu den Gräbern führt, genau der, die in «Vorspiel» vorkommt, der Geschichte, die ich vor einer Woche erst mit den Mädchen gelesen hatte. «Sie ist hier!», rief Katherine. «Deine Mum. Sie war die ganze Zeit hier …»

Wir fuhren heim – die Mädchen hatten noch Schulprojekte abzuschließen. Bei Millie waren es Energieeinsparungs- und Wärmedämmungsmaßnahmen neuseeländischer Haushalte, bei Katherine Tiere des

Regenwalds. Mein Projekt hieß schreiben, schreiben und noch mal schreiben, alles niederschreiben, alles. Nichts auslassen. Die Geräusche. Die Farben. Die Einzelheiten. Wie der Wäschekorb quietscht. Und Ideen zu neuen Geschichten gab es überall ...

DAS NOTIZBUCH

Auf dem Küchentisch lag eine Mappe, sie enthielt mehrere zusammengetackerte Seiten, manche eng bedruckt und stellenweise unterstrichen, ohne Zeilenschaltungen, andere locker von Hand beschrieben, der Schriftzug weit und gut leserlich. Offensichtlich (und später sollte sie sich erinnern, das gleich gedacht zu haben), ganz *offensichtlich*, sagte sich Isabel, bot sich die Mappe geradezu an. Wollten die Seiten, allesamt, gelesen werden.

Ein Blatt, auf dem die Tinte unten verschmiert war, als wäre nach der Niederschrift Fett aufs Papier geraten, war sogar sorgsam ergänzt worden, damit die Wörter trotz des Flecks noch zu lesen wären. Isabel schenkte sich ein Glas Wein ein und setzte sich an den Küchentisch, um sich die Sache genauer anzusehen. Ja, keine Frage – jemand hatte die Buchstaben, die sonst schwer zu entziffern gewesen wären, mit Kugelschreiber nachgezogen, aus der blauen Schmiererei tönte ein Satz – «Heute weiß ich es besser!», las Isabel. «Öffne bloß nicht spät noch das Fenster, wenn es dort leise kratzt!» Sie drehte das Blatt um und fand ähnliche Sätze voller Ausrufezeichen, elliptische Gefüge und Absätze, die sich im Ungewissen verloren: « ... gut zum Wandern, aber der Boden sehr weich und laubbedeckt ...», stand dort etwa, oder «... und ein Duft von ...», dann « ... *wieder Laub* ...», kursiv, und «gewisse ... überlange Zweige ...»

Was sollte das? Es gab nämlich auch klare Passagen, Bemerkungen zum Wetter und zu Sehenswürdigkeiten, zu bestimmten Gebäuden und Denkmälern, Ausflugszielen und Wegen dorthin. Das alles, der ganze Inhalt der Mappe, musste Teil irgendeines Projekts sein, beschloss Isabel. Eine Infomappe für Feriengäste etwa oder Material für einen Reiseführer. Sie wog den hellen Kartondeckel kurz in der Hand. Ja, das kam hin. Doch dann schlug sie die Mappe erneut auf und las: «Die Winternächte sind lang hier, aber das Kaminfeuer im kleineren Zimmer wärmt nicht schlecht, wenn es früh angezündet wird und ordentlich in Gang kommt ...»

«In Gang kommt.» Das war wieder auf so eine Art ausgedrückt, dass die Formulierung zur Einladung wurde. *In Gang kommen.* Genau, dachte Isabel. Solche Sätze entwickelten einen Sog. Die Wörter arrangiert wie kleine, tapfer auf den Kaminrost geschichtete Kohlestücke, damit sie mit Glück eine ordentliche Glut ergäben. «Mit Glück», dachte sie und baute selbst an ihrem Satz weiter. Setzte Sprache und Denken in Gang, nur die Richtung stand von vornherein fest ...

Dabei hielt sie sich noch keine Stunde hier in dem Haus auf. Keine Stunde. Weniger, vierzig Minuten, seit sie sich mit dem Schlüssel Zugang verschafft hatte, der – wie in der Buchungsbestätigung geregelt – am Tor unter dem Geranientopf hinterlegt worden war. Und da saß sie nun – nicht zu Hause, nicht in einem Landesteil, der ihr Teil war, und auch nicht in einem Haus nach ihrem Geschmack, dieses kleine Arbeiterhäuschen aus Holz mitten im Busch –, hatte bereits eine Mappe vor der Nase und hätte gern selbst im Kamin ein Feuer entfacht, sich auf diese – wohl «statthafte» – Weise Wärme und ein liebevolles Willkommen beschert.

Doch sie fürchtete sich. In den letzten Wochen, Monaten ... gab es mehr zu fürchten als je zuvor. Es reichten draußen auf der Straße erhobene Stimmen. Oder dass jemand anrief, falsch verbunden war, eine am anderen Ende der Leitung stammelnde Männerstimme. Worte jedenfalls, immer Worte. Sie sprangen sie jetzt förmlich an. Einfache Wegweiser, Schilder in Schaufenstern ... am Bus angezeigte Routen ... prompt wollte sie einhalten, aufbegehren, sich sagen lassen, wer sie war. Daneben gab es einladende Worte, die, die wirklich an sie gerichtet waren, sie anziehen, einbeziehen wollten. Wie «in Gang kommen» oder «... *wieder Laub*». Ein Satz, in dem etwas «kratzte» ... oder das andere, das sie auf derselben Seite gelesen hatte, «ein Flattern ... Flattern». An solchen Wörtern hatte sie noch mehr Anteil, sie sagten ihr etwas. Deuteten an. Letztlich war das – waren diese vielen Wörter, Wörter, Wörter – der Grund, warum sie (und dessen wurde sie sich immer stärker bewusst) *für sich* sein musste.

Sie atmete ein, hielt die Luft an. Atmete aus. Denn ... da! Zum zweiten Mal – oder war es das dritte? – kam eine Hervorhebung in Kursivschrift ins Spiel. Jener sanfte und drohende Druck, jeder Buchstabe so traulich dem nächsten zugeneigt. Isabel atmete noch einmal tief ein und aus, dann schenkte sie sich Wein nach. Leise, leise blätterte sie in der Mappe, bewegte die Seiten nur mit den Fingerspitzen, als bändigten die Kartondeckel lebende Wesen –

und gebot sich dann Einhalt, zwang sich zur Ruhe. Denn hier würde sie doch wohl die Fassung wahren können? In diesem angemieteten Cottage auf einem fremden Stuhl an einem fremden Tisch? Schließlich waren diese Seiten nicht ihr Problem – oder? War es eine fremde Handschrift, nicht? Hier – der Kugelschreiber, mit dem der Fettfleck überschrieben worden war, hatte einiges mehr noch zum Garten und dessen Pflege während der Wintermonate zu sagen, außerdem, auf derselben Seite, Hinweise zum Kondenswasser an den Fensterscheiben notiert und welche Sorge ihr (wieso «ihr»?) der Niederschlag bereite. «Es wird herabrinnen», hatte sie geschrieben, hatte die Frau geschrieben, «Tag für Tag unerbittlich. Es wird das weiche Holz der Sprossen angreifen. Wird es, *wird* es» – wieder Kursivschrift – «faulen lassen».

Aber wieso sollte das eine Frau geschrieben haben?, fragte sich Isabel. Warum nicht ein Mann oder ein Kind? Oder jemand von ganz anderem Schlag, eine Großmutter, ein Soldat, ein Kultusminister? Aber nein. Und nicht nur das. Nicht nur hatte das Geschriebene ein Geschlecht angenommen, nein, auch eine Persönlichkeit. Die Worte wurden zur Person, die schlicht und ergreifend hier bei ihr war, in diesem Raum, direkt hinter ihr nervös an ihrem Pullover zupfte, an einem störenden Fussel, und in der Kälte dauernd hüstelte.

«Verzeihung», sagte sie.

Verzeihung.

«Mir bereitet das Kondenswasser *durchaus* Sorge ...», sagte sie. «Jeden Morgen wische ich die Fenster mit einem trockenem Tuch ab – und trotzdem, beim besten Willen, die Feuchtigkeit wird *dennoch* ins Holz eindringen, wird

sich *dennoch* sammeln und die Sprossen aufweichen ...»
Da lächelte sie, Isabel. Sie trank einen Schluck Wein. Und
noch einen. Sie leerte das Glas und schenkte sich nach. Sie
verstand die Arme nur zu gut. «Beim besten Willen.»
«*Genau*.» «Und so fort.» Nicht aufzuhalten, der stete –
Tropfen. Trinken war nicht viel anders als Tau. Es gab
sogar für beides ein und dasselbe Wort: Tropfen. Klar?
Das Wort schielte in beide Richtungen. Sie nahm erneut
einen Schluck von ihrem guten *Tropfen*. Sie verstand, oh
ja, dort zusammengekauert auf ihrem Stuhl, an der Wärme der offenen Ofenklappe. «Nicht zu übersehen», ging
es im Notizbuch weiter, «wenn man am Morgen auf-
wacht und es am Glas herabrinnt ...»

Isabel leerte ihr Glas kalten Weins (andere Art Glas,
dachte sie). «Kalter Wein!» Sie spürte, wie der Alkohol
langsam allem die Schärfe nahm. Endlich! Das tat er,
und das würde er bald gänzlich tun, und dann wäre sie
in Sicherheit. Also «und so fort», also «beim besten
Willen!» Denn war das erst vollbracht, würde die Kom-
promisslosigkeit der Konturen schwinden und wäre auf
dem Blatt auch verschwommenes Weiß, wären die Wörter weniger gefährlich, weniger mächtig, und damit würde sie klarkommen können, sie, Isabel, mit Hilfe, ganz
bewusst, des kalten Weins. Der wäre letztlich bei allen
Sätzen wirksam, das wäre er – von der zerfließenden Seite
bis zum furchterregenden, statthaften Feuer. Da! ... Selbst
die Worte verwischten sich jetzt. Erst recht Bemerkungen
und Formulierungen, die womöglich vorausgegangen waren, viel früher, bevor sie überhaupt hier vor dem Notizbuch gelandet war, die womöglich Sätze bildeten, die sie
vielleicht unlängst gehört hatte oder in ihrem Kopf sich

hatte einnisten lassen – *Richard hat mich verlassen*, etwa, oder *Was soll ich bloß tun*. Die vielen Wörter ... verblasst nun auf der Seite, bis zur Farblosigkeit ausgelaugt wie das Glas, an dem alles herabrinnt. *Er liebt mich nicht mehr* war durch gute und schlechte Tropfen verwässert ...

Das Geschriebene wusste natürlich trotzdem darum. Dort bei ihr im Raum, die Mappe genau danach ausgerichtet mit ihren vielen Wörtern ... das Geschriebene kannte sich aus mit Ellipsen, Pausen, riesigen Lücken zwischen Absätzen, die einen Satz, der vorher dicht und bedrohlich schien vor Tinte, schlicht verwandeln konnte in « ... Richard ...» zum Beispiel. Oder schlicht ... «mich». Und dann ... nichts mehr. Wenn man nicht wollte. Am unteren Rand einfach Leere und dann bitte wenden. Oder zwei vereinzelte letzte Wörter – «nicht» und «mehr». Doch selbst die verschwanden mit dem letzten Tropfen, rannen am Glas hinab wie Fäden aus Wasser und verdarben die anfälligen Fenstersprossen.

So also ging das. Simpel. Und so fand Isabel ... bei einem nächsten Schluck ... von ihrem kühlen, langstieligen Glas ... nichts ... dabei. Seht doch nur. Fand sie. Nicht. Oder? Nicht so wie vorher, nicht auf die ... selbe Weise. Weil sie keinesfalls ... jedenfalls ... anfangen wollte nachzudenken. Über das, was vorausgegangen war, und die, mit der Richard sich traf. Wollte sie. Nicht. In irgendeiner Weise nachdenken über das, was er alles gesagt hatte, was sie miteinander trieben, er und die andere da, was die mit ihm trieb ...

Weil die Art von Sätzen ... die kamen daher und schrieben sich selbst, wenn man sie ließ. Und waren sie erst da, waren sie bis an die Zähne bewaffnet, allesamt messerscharf. Warum Richard mit der da zusammen sein wollen sollte und nicht mehr mit Isabel ... Warum er, ehe er ging, zu ihr gesagt hatte: «Du bist es doch auch müde.» Und sie mitleidig angesehen, als er sagte: «Du bist müde ...» Solche Gedanken trafen sie ins Mark, in ihr das reinste Gemetzel, die falschen Buchstaben und Wörter. Also nahm sie schnell, schnell wieder die Mappe zur Hand ... auf der Suche nach anderen Sätzen, anderen Wörtern, lesbaren –

Doch stand da lediglich: «Ich bin hier so einsam.»

So einsam.

Das Glas war leer. Isabel stand auf, und kaum entfernte sie sich von ihrer Kauerstelle an der Ofenklappe, legte sich ihr die Kälte feierlich um wie ein Schleier. Sie schnappte sich schnell die Weinflasche, schenkte sich nach und huschte wieder an den Tisch. Die nächsten Minuten, der Abend, der ganze lange Tag, der sie am Morgen erwartete ... sie holten sie ein. Der Knall der Tür, durch die Richard verschwand, seine tonlose Stimme am Telefon ... die Zeit dehnte sich über sie hinaus durchs dunkle Fenster des gemieteten Cottage in die weite Nacht.

Es blieb ihr nichts, als weiter Seiten zu wenden. Eine Zeile zu finden, die sie wieder zu sich kommen lassen, ihr Halt, ihr Schutz bieten könnte.

Und da war sie! «Bedenken Sie, dass Töpfe und Pfannen möglicherweise nicht dort zu finden sind, wo sie sie vermuten.» Dieselbe Schrift, dieselbe Frau, die mit der blauen Tinte. «Bedenken Sie bitte ...» Zwar wollte Isabel gar nichts bedenken, aber es war allemal besser, das zu haben, diese Worte, allemal besser als die anderen – die, die Richard gesagt hatte, mit dem so furchtbar, furchtbar mitleidigen Blick. *Du bist es doch auch müde.* Sie würde daher weiterlesen. Gedanken zu den besagten Messern und wo sie zu finden waren, Passagen zu Teetassen und Schüsseln, Zubereitung, Aufbewahrung der Speisen, der Milchprodukte, des Brots ... um der Wörter willen, des Schutzes solcher Wörter. Noch mehr Wörter. Das wollte sie doch, oder? Wo das Gemüse am besten kühl aufzubewahren und zu waschen war, Kunde von der Speisekammer, von einem Schuppen im Garten, der sich zur Lagerung von Knollen eignete ... Mehr und mehr Wörter ... alle an Isabel gerichtet, zu ihrer Belehrung, an ihr zupfend wie eine Frau in ihrem Rücken, die ihr hinter vorgehaltener Hand zwischen den Fingern unablässig etwas zuraunte, Isabel instruierte, was zu tun war, wer sie war, wer sie sein konnte.

Sie *war* es müde. Und ja, auch einfach *müde.* Sie drehte sich um, aber die Frau war vorbereitet, blickte sie unverwandt aus dem Spiegel an. *Noch eine Bedeutung von Glas.* Ihr Haar war wild, vor Kälte gerötete Hände tasteten an ihrem Mund, die Finger trommelten (*flatterten?*) an Lippen und Kinn. «Spiegel ist sehr wohl ein anderes Wort für Glas», sagte sie, nur diesmal laut, und lachte. Isabel wandte sich wieder der Mappe zu und sah, dass ganze Teile verdorben, bekleckert waren, unbrauchbar.

Mit Mühe nur konnte sie ein mit blauem Kugelschreiber nachgezogenes «Heute weiß ich es besser» entziffern, und darüber etwas von einer kleinen Katze spätnachts am Fenster, die «herein will».

Aber das Lesen fiel immer schwerer.

Öffne bloß nicht *spät noch das Fenster, wenn es dort ...*

Immer schwerer das Sehen.

Die Sätze verschwommen, als lese sie unter Tränen.

Sie sollte sich vielleicht doch etwas zu essen machen. Sie sollte die Flasche verkorken.

Sie sollte ins Wohnzimmer gehen und, wie es das Notizbuch empfahl, den Kamin anheizen. Doch sie tat nichts von alledem. Die Frau in ihrem Rücken blieb reglos sitzen. Denn hier konnte man nichts mehr tun. Nichts.

In Gang kommen ...

Hier konnte nichts in Gang kommen. In diesem gemieteten Häuschen mitten im dunklen Busch war sie verkehrt, fehl am Platz, hatte sie nichts zu suchen ...

Dann, als spazierte sie aus einem Traum, tauchte hinter dem Glas des Fensters eine kleine graue Katze auf.

Einem wieder anderen Glas ...

Wie es in dem Geschriebenen hieß, nur hatte sie etwas im Maul.

Öffne bloß nicht *spät noch das Fenster ...*

Etwas ...

«Lass sie nicht rein», ließ die Frau sich furchtsam vernehmen, und ihre Finger begannen wieder um ihr Gesicht zu flattern ...

Öffne bloß nicht spät noch das Fenster, wenn –

Öffne bloß nicht –

Bloß nicht –

Zu spät. Denn Isabel war vom Tisch aufgestanden, stieß das Glas weit hinaus ins Dunkel – und die Katze sprang herein –

Heute weiß ich es besser!

Und im Maul hatte sie einen riesigen Nachtfalter.

Ein Flattern ...

Ein Flattern ...

Mit gebrochenen Flügeln ...
Finger unstet am Mund ...
Ein Nachtfalter.
Flügelfetzen wie Seidenpapier ...
Ein Murmeln ... wieder und wieder ...
Eine Frauenstimme ...
Dort im Raum zu vernehmen: «Nun?» und ... «Was jetzt?» und «Mir bleibt ...» –
als die Katze von dem Nachtfalter abließ, der kurz aufflatterte und dann zu Boden fiel –
«... nichts», hörte Isabel und dann ...
schließlich «mehr».

–

Notizbücher dürften die intimsten Aufzeichnungen von allen enthalten. Geheimer bei Weitem als Journale, selbst als Tagebücher, deren Zweck darin besteht, den Gang der Dinge zu dokumentieren. Notizbücher dagegen sind diffus, unbestimmt. Es sind hastig hingeworfene Ideensammlungen, Anfänge, Fragen, Zitate als Form literarischer Zwiegespräche.

«Es ist spätabends, sehr dunkel, sehr still», schreibt Mansfield – möglicherweise der Entwurf zu einer Geschichte, ein, zwei Absätze werden es bloß in dem Notizbuch mit der Nummer 28.

Kein Stern am Himmel. Und jetzt zieht Regen auf. Was für ein Glück, nachts dem Regen zu lauschen, freudige Entladung, Erlösung, eine rieselnde, raunende, tiefgründige Zuwendung – das alles fließt im Klang prasselnden Regens zusammen. Gott blickt auf die verregnete Erde hinab und sieht, wie schwach die Lichter in den kleinen Fenstern sind, wie leicht zu löschen.

In meinem eigenen Notizbuch, das meine Tochter Katherine für mich verziert hat, steht ziemlich weit vorne:

Dürfte ich Gott nur ein einziges Mal anrufen, würde ich rufen: *Ich will REAL sein.*

Der Satz stammt aus Vincent O'Sullivans Einleitung zum fünften – und letzten – Band der *Collected Letters of Katherine Mansfield* beziehungsweise aus einem Brief, den die Schriftstellerin im Dezember 1922, also kurz vor ihrem Tod Anfang 1923, geschrieben hat. «Real nannte Mansfield», heißt es dort, ...

jedes Streben nach dem Wahren und Unverstellten, nach der Freude an den einfachen Dingen, unverblendet von jeglichem Intellektualismus und dem «üblichen Zirkus» ... [...] In den Monaten vor dem letzten tödlichen Blutsturz am späten Abend des neunten Januar 1923 ... spricht nichts so beredet und so klar von dem neuen Leben, um das die Autorin zu dieser Zeit rang, wie die Liste russischer Vokabeln und Wendungen, die sie sich gerade einzuprägen suchte: «*Ich habe mich verspätet, weil das Feuer nicht brennen wollte ... Der Himmel war blau wie im Sommer ... An den Bäumen hängen noch Äpfel. Apfel ... Ich habe die Ziegen gefüttert ... Ich gehe spazieren ... Wie spät ist es? Es ist Zeit.*»

Was ist für Schreibende real? Was ist gelebt, was erdacht? Das Licht, das Dunkel? Erscheint einem die Erinnerung mächtiger als alle Traumgebilde? Der Kummer beim Abstieg hinab in die Tiefe konkreter, wahrer als der Festzug in die helle Welt der Geschichten, Wünsche und Wunder? Bis zu welchem Grad kann, gleich Miltons Sonne (*schwarz dein Saum vor übermäß'gem Glanze*), die Welt des einen auch die des anderen sein, können Sonne und Mond sich im ewigen Wechsel von verdunkelt und voll, Tag und Nacht umkreisen als erdachte und erzählte Spielgefährten? «Sie alle gingen in das Reich des Lichtes ein!», zitierten mein Freund Tim O'Brien und ich nach Frank McKays wunderbaren Seminaren zur Renaissancedichtung an der Victoria University gern lauthals Henry Vaughan ... Auf dass die Engel vergangenen Kummer mit beiden Flügeln decken möchten und die Erde in himmelblaue, goldverbrämte Gefilde entrücken.

«Es ist schön hier», schrieb Katherine Mansfield ihrem Schwager und guten Freund Richard Murray. «Es wäre fabelhaft, wenn Du Ostern kommen könntest ... alles so einfach und angenehm ... Mir scheint, man wird nichts schreiben, was die Bezeichnung Literatur verdient, wenn man nicht lebt – wirklich lebt ... Der Schlüssel zu allem liegt darin, sich zu besinnen und so zu leben, daß alles so mühelos geht wie nur möglich. Findest Du nicht? ... Das nur als kleiner Gruß, ich winke Dir auf Deinem Weg zu.»

Am Ende hat mich «Mein Katherine Mansfield Projekt» gelehrt, was schon Mansfield im Laufe ihres kurzen Lebens erkannt zu haben scheint, dass nämlich das Reale das Wesentliche, das A und O ist. Die «Dinghaftigkeit» der Dinge, hätten die Exponenten der klassischen Moderne vielleicht gesagt, jener intellektuelle und ästhetische Sinn für die Essenz, die uns dann auf der Seite begegnet, unmittelbar, erster Hand, ohne Filter oder Gebräme und so machtvoll wie die Liebe. «Ich winke Dir auf Deinem Weg zu ...» Ob Kommen oder Gehen. Weggang oder Wiederkehr. Licht oder Dunkel. Nord oder Süd, Gegenwart oder Vergangenheit ... real sind die Wörter. Wie ich es oben beschrieben habe, wie ich es weiterschreibe ... Die Wörter führen uns heim.

DER ZICKZACKKURS HEIM

Ich hatte den anderen Heimweg vergessen. Ich hatte vergessen, dass man irgendwo stehen und sich ausmalen kann, wie weit noch, wie viele Meilen, im Kopf die ganzen Abzweigungen durchgehen, die Alternativen, die Abschnitte, Teilstrecken, Straßen ... bis mir wieder einfiel: Ich muss es doch nicht so unnötig kompliziert machen! Ich muss keinen Bus nehmen, kein Taxi rufen, auf keine Mitfahrgelegenheit zählen oder augenblicklich losgehen, frühzeitig. Ich weiß, wie ich pünktlich zur Stelle sein kann. Praktisch umgehend.

Ich hatte nämlich die Zickzackwege vergessen. Die abstrus bizarren Stiegen, Steige und Spitzkehren der Abkürzungswege, die sich kreuz und quer durch das hügelige Wellington ziehen und aus jetzt und damals, hier und dort eins machen, ein Ort, eine Zeit ... Ich hatte vergessen, wie die Zickzackwege die Höhenzüge ans Zentrum heften. Unnötig, sich umständlich zu Fuß oder im Auto von den Vororten in die Stadt vorzuquälen und zurück, zur einen Seite das blaue Becken der Bucht, zur anderen das sich schlängelnde Band der grünen Hügel. Stattdessen rücken kleine Verbindungsstege die ganze Landschaft zusammen – den Gipfel des Mount Victoria stracks an die Oriental Bay, die Tinakori Hills plumps auf den Lambton Quay und den Mount Kaukau nach Wilton, Wadestown kurzerhand in die Straßen von Thorndon.

Dieser Zickzackkurs mit seinen Abkürzungen verändert die Wahrnehmung eines Orts grundlegend. Darüber denke ich schon nach, seit ich an diesem Text sitze – über hier und da, jetzt und damals, Heimat und Fremde und sämtliche Fernen dazwischen. Ich wohne derzeit in einem Teil von Wellington, den ich gut kenne, in dem ich als junges Mädchen viel Zeit verbracht habe, im Botanischen Garten, in diversen Cafés; hier in Thorndon schlage ich dieselben Wege ein, die Katherine Mansfield vertraut waren, komme an vielen derselben Häuser mit ihren Gärten und Bäumen vorbei. Da ist die Tinakori Road. Da ist der Hafen. Da liegt Fitzherbert Terrace. Anders, aber nicht sehr verändert. Die Sonne geht immer noch an derselben Stelle auf und versinkt nach wie vor hinter den Hügelkuppen.

«Seht nur!», sagte ich zu den Mädchen. «Seht euch das alles nur an!»

Wir taten es gemeinsam, wir registrierten alles. Für meine Töchter war es, auch wenn sie schon verschiedentlich in Neuseeland gewesen waren, das erste Mal, dass sie richtig in Wellington wohnten, meinem Geburtsort, wie sie zwar wussten, sich aber nie recht klargemacht hatten – wie eben Kinder sich grundsätzlich nicht vorstellen können, dass ihre Eltern auch vor ihrem Erscheinen ein Leben geführt haben. Wir erforschten auf unseren Streifzügen diese meine Stadt gründlich; ich sah, quasi erstmals, wie die tiefgrünen, in der ersten Morgensonne glitzernden Hügel oberhalb unseres Häuschens in Thorndon mit Baumstämmen übersät waren, als hätte dort in der Nacht ein Riese gewütet, jede Menge Koniferen heraus- gerissen und beiseite geschleudert. Wir sahen dicke Tau- tropfen, Glasperlen gleich, den Neuseeland-Flachs in den Gärten bekränzen. Allgegenwärtige Kamelienbüsche wie aus Draht und Papier gefertigte Requisiten, Zweige mit einzeln aufgepappten wachsartigen Blüten in Rosa, Rot und Weiß. Wir sahen den blanken, tief blauschwarzen Vogel mit dem kleinen Büschel weißer Federn am Hals, der sich hoch oben in den Bäumen wie nur zu unserer Er- bauung die Seele aus dem Leib trällerte und gewitzt gleich auch die Perkussion übernahm, indem er zu dem Gesang einen Ton erzeugte, der klang, als schlage jemand eine winzige Trommel.

Wir sahen Holzhäuser und kuriose Fahrzeuge. Sofas draußen auf Veranden. Wir sahen Menschen zu Fuß zur Arbeit gehen, zur Schule, alle in andersartigen Kleidern und Schuhen. An einem ihrer ersten Tage bückte sich meine achtjährige, sehr tierliebe Tochter Katherine und hob, gleich nachdem ein Paar violette Stöckelschuhe und hochmodische Strumpfhosen vorbeigerauscht waren, et- was vom Gehweg. «Die Arme», gurrte sie, in der Hand eine Riesenweta, eine Schrecke, mit einem zerquetsch- ten Bein, die zu meinem Entsetzen ihre restlichen Beine sofort um Katherines Finger krallte und sie bestimmt gleich – was? beißen würde? stechen? «Hey, freches Ding!», sagte meine Tochter. «Du brauchst mich ja nicht gleich zu zwicken!» Wir suchten vor dem nächstbesten Haus einen Rasenflecken mit etwas Laub. «Da hat sie es bestimmt gut, Mum», versicherte Katherine mir, «in so einem Garten.» Und ja, aus ihrer Sicht war es «so ein Garten», von anderer Art als die gewohnten und nun Zuflucht einer neuen Art von Insekt, unter einem fremdartigen Busch, den sie nicht kannte, mit großen fremdartigen Blättern daran, die dem Anschein nach immerzu gleichzeitig abstarben und sprossen, sodass darunter der Laubabfall, in dem die Weta saß, schon wieder die Wurzeln nährte.

«Es ist anders hier, als ich dachte», sagte meine andere Tochter Millie, die zehn war und mit dem Kontrast zwischen hier und dort zu kämpfen hatte: dass Nacht hier Tag war, Sommer Winter, dass ihre Schuluniform anders war als die in London, eine Art «Sackkleid, und so lang», und dass wir in der St. Mary Street in unserem schmucken kleinen Cottage aus der Kolonialzeit so anders lebten als in unserer chaotischen Wohnung in der Portobello Road.

Dann begleitete mich Millie aber eines Tages die steil mäandernden Stiegen und Steige des Zickzackwegs hinauf. Katherine war bei Nachbarn gegenüber, also machten Millie und ich uns am Ende der Straße auf den Weg zu dem schmalen Pfad, der steil bergan führte. Ich hatte den Mädchen erklärt, was es mit den *zig-zags* auf sich hatte, und dieser Abkürzung war ich, wenn sie in der Schule waren, schon mehrfach gefolgt. Inzwischen konnte ich mich erinnern, erklärte ich Millie im Gehen, wie einen die Spitzkehren im Nu auf einen Gipfel brachten und man, als würde man fliegen, innerhalb von Minuten, Sekunden geradezu, weit oberhalb der eigenen Straßen und Häuser stand und auf sie herabsehen konnte. Denn auch das leisteten Zickzackwege, sagte ich. Sie brachten

einen nicht nur schneller voran, sondern auch hinauf –
«schnurstracks nach oben», schrieb Katherine Mansfield. Schließlich saßen wir an diesem Samstagnachmit-
tag weit droben in den Tinakori Hills im kühlen Vor-
abendlicht kurz vor Einschalten der Straßenbeleuchtung
auf einem Baumstumpf, umweht von Zypressenrauch
und dem fernen Brausen des Verkehrs auf der Spielzeug-
schnellstraße unter uns. Der Hafen war von einem sehr,
sehr fahlen Blau, als horte er das schwindende Tagesflui-
dum, und übers Wasser glitt ein Spielzeugschiff an den
Pier. «Es ist anders hier, als ich dachte», sagte Millie,
die auf das alles hinabblickte, dieses Wellington zu ihren
Füßen. «Aber ich glaube, jetzt verstehe ich dich besser,
Mum», sagte sie. «Jetzt, wo wir hier sind.»

Jetzt, wo wir da waren. Denn was sie an jenem Winternachmittag hoch oben am Hang gedanklich zu fassen versuchte – unter uns die vollkommene kleine Stadt
mit ihren vielen um ein Schälchen Wasser angeordneten
Bauklotzhäuschen –, war, glaube ich, wie dieser Ort, der
Ort, den sie gerade betrachtete, sich zu dem Ort verhielt,
der hinter ihr lag, dem Ort, der ihr vertraut war, den sie
kannte … Ich denke, sie wollte wissen, wie beide zusam-
menpassten, Wellington und London, so wie sie eben
für mich zusammenpassen, die Straßen beider Orte in
meinem Kopf parallel. Mein dortiges Leben … hier. Mein
hiesiges Leben … dort.

«Hier in meinem Zimmer», schrieb Katherine Mansfield in Wellington, «könnte ich ebenso gut in London
sein.»

Millie dachte über dieselben Dinge nach, über die ich
nachdachte, über die Mansfield fast ihr Leben lang nach-

dachte, und zwar, weil wir in Wellington waren – auch über die Zeit: wie das «Damals» meiner Vergangenheit jetzt, wo ich wieder da war, erneut zum «Jetzt» wurde, und wie fließend der Übergang vom «Jetzt» zum «Damals» blieb. Von unserem Rastplatz am Zickzackweg würden wir kaum zwei Minuten brauchen, um oben in Wadestown zu sein, wo wir einen Bus nehmen könnten, der uns in einer gewundenen halben Stunde nach Thorndon zurückbringen würde, oder aber wir sprangen von unserem Stumpf auf und säßen mir nichts, dir nichts wieder bei Tee und Keksen in der Cottageküche in der St. Mary Street. Wir hockten dort oben und wägten zwischen Alternativen, während Zeit und Entfernung nach Zickzack-Art zur Gegenwart gerafft wurden und ich plötzlich begriff, dass ebendieser Trick der Trigonometrie mir erlaubte, auch Wellington und London zusammenzuspannen. Es ist ein Winkelzug von Kopf und Auge, aber auch real.

Als Kinder spielten meine Schwester und ich gern ein Spiel: Wir sahen hinüber zu den Hügeln oberhalb der Days Bay und stellten uns vor, gleich dahinter liege eine Straße, die einen direkt nach New York und Paris und London bringe und ebenso leicht zurück. Es würde vielleicht etwas länger dauern, aber in unserem Spiel stand außer Frage, dass irgendwo dort hinten in den Hügeln die Cafés und Boulevards von Paris zu finden waren, und gleich dahinter Big Ben und die roten Doppeldeckerbusse ... und noch etwas weiter hinten die silbernen Wolkenkratzer von Manhattan ...

Später, als Teenager, strich ich sommers im Auftrag der Stadt die Geländer eines Großteils der Steige und Stiegen und Spitzkehren der *zig-zags* in Wellington neu, sparte Geld für ein Ticket nach London.

Und jenes Ticket trug mich weit fort ...

Bis ich in diesem Winter zurückkehrte – auf die andere Seite der Hänge, auf die meine Schwester und ich seinerzeit geblickt hatten. Es musste an den Abkürzungswegen, dem Zickzackkurs liegen, den ich eingeschlagen hatte, denn jetzt, wo ich da war, war ich schlicht wieder daheim. Darum geht es bei Abkürzungen schließlich. Und jetzt, wo ich es wieder weiß, werde ich die beiden Orte, die mich verorten, übereinbringen können, für immer. «Wenn ich anfangen wollte, Dich nach dem Leben in Wellington zu fragen, fände ich kein Ende», schrieb Katherine Mansfield. Vielleicht können für mich hier und da letztlich doch ein und derselbe Ort sein.

5

– *Nachbemerkung* –

Einige Zeit nach der Niederschrift des letzten in Wellington verfassten Texts traf ich eine Rundfunkproduzentin der BBC, mit der ich wegen einer geplanten Sendung zu Selbstverortung und literarischem Schaffen im Gespräch war. Wir unterhielten uns über das Familienleben als Fixpunkt, als Erzähl- und Handlungsraum, über Kindheitsorte, Elternhäuser, Räume, die wir in der Erinnerung aufsuchen und aus denen wir schöpfen.

«Gibt es ein Exil?», fragte mich die Produzentin. «Wenn es selbstgewählt ist, meine ich? Wenn es Ihre Entscheidung war, Ihre Heimat zu verlassen, können Sie dann von Exil sprechen, wie es politische Flüchtlinge und Verbannte zu Recht tun?» Das brachte uns darauf, dass wir schließlich alle von zu Hause weggehen – wir verabschieden uns alle von unseren Eltern, unserem Elternhaus, ziehen in die Welt hinaus –, das heißt, wir alle kennen in gewisser Weise die Heimwärtigkeit, von der im Vorwort zu diesem Band die Rede war, das gilt nicht nur für die, deren Geburtsort weit weg liegt oder nicht mehr als jederzeit aufsuchbarer Herkunftsort zur Verfügung steht. «Sind wir also alle Exilierte?», fragte sie und erzählte von einem Gespräch, das sie mit dem in Indien geborenen Romancier und Essayist Amit Chaudhuri geführt hatte, der einen Teil des Jahres in England, den anderen in Indien verbringt. In seinem Roman über seinen

Geburtsort Kolkata, in dem er sich eher beheimatet fühle als in Mumbai, wo er aufgewachsen sei, stelle er fest, dass «Heimat» ein uneindeutiger, durchlässiger Ort sei und das Gefühl, «zu Hause» zu sein, eigentlich wichtiger als eine Verortung nach Herkunft oder Nationalität. Chaudhuri verwende für diese Mehrdimensionalität das Bild eines Verbindungskorridors zwischen Orten – hier und dort –, in seinem Fall zwischen seinem geliebten England, wo er lehre, und Kolkata, dem er sich stets verbunden gefühlt habe und wo er heute mit seiner Familie lebe. «Er findet, wenn man ständig zwischen beiden unterwegs ist und quasi in dem Verbindungskorridor lebt, passen Begriffe wie Exil oder Beheimatung einfach nicht mehr», schloss sie. «Je öfter man zwischen den Welten pendelt, desto weniger ist dabei.»

Eine hübsche Idee, dieser «Korridor» Chaudhuris, als müheloser Transit zwischen zwei Orten, die zu guten Teilen das «Selbst» ausmachen: dass mit jedem Durchgang die dazugehörige Melancholie von Aufbruch und Ankunft, Edward Saids «unüberbrückbare Kluft», abnimmt, die «gewaltsam zwischen einem Menschen und seinem Geburtsort aufgetan wird», denn wird der Übergang von Vergangenheit zu Gegenwart, Gegenwart zu Vergangenheit wieder und wieder vollzogen, werden sie schließlich eins. Die «beiden Orte ... übereinbringen können, für immer», hatte ich auf der letzten Seite meines *Katherine Mansfield Projekts* geschrieben.

Letztlich aber schafft der Zickzackkurs, dem ich als Abkürzung zwischen Verlorenem und – wieder – Gefundenem folge, nicht in der gleichen Weise die Verbindung und deren Selbstverständlichkeit wie der Korridor.

Es mag mir vielleicht im Schreiben gelingen, «hier» und «dort» zusammenzubringen, in der Imagination, doch an jedem Ende des Zickzacks gibt es den Schock des Jetzt, sei es der jüngsten Ankunft, sei es des gerade Zurückgelassenen. Wenn ich den steilen Stegen und Spitzkehren zum Gipfel folge und von dort im Nu wieder hinab gelange, erlebe ich einen raschen, schwindelerregenden topografischen Wechsel: Eben war ich dort, jetzt, plötzlich, bin ich hier – Wellingtons Hafen vor Augen, schwarze Londoner Taxis, die Hügel Sutherlands … hier oben, dort unten –, und jedes Mal denke ich: Wieder daheim, aber jedes Mal fehlt auch etwas, was ich nie wirklich hatte und nicht nachholen kann. Egal, wie oft ich zwischen den drei Orten hin- und herreise, die Brüche von Ankunft und Abfahrt lassen sich nicht abfedern. Mich hat niemand den Korridor-Transit gelehrt, und heute bin ich wohl zu alt, ihn noch zu meistern.

Eine letzte Geschichte soll mir helfen zu ergründen, was ich meine – geschrieben habe ich sie nach meiner Rückkehr hier in London. Und zwar, inwiefern Heimat für mich immer … gleich dort, da draußen … und doch immer außer Reichweite sein wird. Ich sehne mich, ich erinnere mich, ich male mir aus … doch am Ende kann ich meinen Bestimmungsort nur in Worten erreichen. «Mir scheint, das Buch braucht noch eine letzte Geschichte», schrieb Katherine Mansfield, als sie die Erzählungen des Bands zusammenstellte, der dann unter dem Titel *The Garden Party* erschien, und als sie sich damit schwer- tat nach der Fertigstellung von «An der Bucht», jener herrlichen, von Heimweh und Strandleben säuselnden Beschwörung von Kindheit und Kindheitsorten … «ich

konnte mich nur mit Mühe vom Meeresrauschen lösen»,
schrieb sie, «von Beryl, die am Fenster ihr Haar fächelt.
Die gaben einfach keine Ruhe.» So ist es, sie sind noch
da, sie bleiben. Wir errichten unsere Geschichten aus
dem Schutt einstiger Heimstätten, hat Milan Kundera
gesagt – oder so ähnlich. So mag denn hier diese letzte
Geschichte stehen.

6

– *Nach Hause* –

Im Zug fuhren zwei kleine Mädchen mit, deren Mutter sie nicht bändigen zu können schien. Sie rannten im Wagen auf und ab, und noch bevor der Zug überhaupt losgefahren war, hatten sie mit allen, die saßen, außer Ursula wohlgemerkt, geredet, auf sehr direkte und entschiedene Art geredet.

«Wo fährst du hin?», hörte sie eine der beiden die alte Frau fragen, die direkt hinter ihr saß.

«Ich fahre, meine Enkelin besuchen.»

«Warum?»

«Weil ich sie liebe und gern sehen will.»

«Und warum?»

Also ehrlich, dachte Ursula, unmöglich. Warum zügelte die Mutter sie nicht? Es ging die Mädchen doch gar nichts an, was die Leute im Zug vorhatten, wo sie hin wollten und warum. Die Mutter sollte dafür sorgen, dass sie still waren und nicht so herumrannten. Aber da waren sie schon, tauchten vor ihrem Sitzplatz auf, wo sie doch ihre Ruhe haben und für sich sein wollte, erschienen mit ihren wachen Augen und breitem Grinsen direkt vor ihrer Nase.

«Hallo.»

«Hallo.»

Die eine lutschte geräuschvoll an einem Bonbon, das

für ihren Mund zu groß war, die andere umklammerte die zugeschraubte bunte Papieröffnung der Bonbontüte.

«Und was machst du so?», fragte die Ältere, die mit der Tüte, und beugte sich mit hektisch gerötetem Gesicht dicht zu Ursula vor.

«Bist du eine Mummy oder bloß hier im Zug?»

«Ich –»

«Still jetzt, Rosie», tönte die Mutter von ganz hinten. «Kommt jetzt zurück und setzt euch wieder.»

«Gleich, Mum», sagte das Mädchen, ohne den Blick von Ursula zu wenden. Sie musterte das Gesicht vor ihr eingehend, als wäre daran etwas, was sie an einer Frau noch nie gesehen hatte, als wäre an Ursula etwas sehr, sehr seltsam. Dann schüttelte sie probeweise ihre Tüte. Wie ein Instrument, dessen Klang sie prüfen wollte. Sie schüttelte sie noch mal, diesmal in Ursulas Richtung und lachte breit.

«Bist du einsam?», fragte das andere Kind. Das Bonbon in seinem Mund war riesig. Es schlürfte heftig daran und sagte: «Du siehst einsam aus», und dann noch: «Willst du ein Bonbon, oder gibt es bei dir zu Hause gleich Abendbrot?»

Ihr «zu Hause» schlug Ursula auf den Magen.

«Ich –», setzte sie an, konnte aber nicht sprechen.

«Fährst du nach Hause?», fragte das andere Mädchen, kaute hastig und schluckte, was sie noch im Mund hatte. «Wir schon. Wir waren mit Mum in der Stadt einkaufen, und jetzt fahren wir nach Hause.»

«Schön», brachte Ursula heraus. «Einkaufen ...»

«Fährst du auch nach Hause?» Das ältere Mädchen schüttelte ihre Tüte und fragte: «Ja? Und magst du den Zug?»

«Kinder –»

Ursula hörte die ineffektive Stimme der Mutter erneut mahnen, müde, als wäre sie gerade aufgewacht. «Lasst die arme Frau doch in Ruhe ...»

«Ist schon gut, Mum», erwiderte die Ältere, rief es über die Schulter zurück, als wäre sie die Erwachsene und die Mutter das Kind. «Sie hat nichts dagegen.» Sie wandte sich wieder Ursula zu. «Oder? Du hast doch nichts dagegen, dass wir mit dir reden?»

«Weil ... guck doch», sagte die Kleinere und zeigte mit den Finger. «Wir haben mit der Frau geredet und der und der und dem Mann da und der Frau ...» Sie rief lauthals: «Heda, ihr!», und lachte hellauf. «Ihr da!», rief sie und zeigte reihum auf diverse im Wagen sitzende Passagiere, die nun furchtbar beschäftigt taten mit ihren Zeitungen oder Handtaschen, alle bis auf zwei junge Frauen am Gang gegenüber, die kicherten und deren eine zur anderen sagte: «Wie *süß* ...»

«Und der und dem ...» Das kleine Mädchen war überdreht, sie spielte sich jetzt, wo sie Publikum hatte, ordentlich auf. Süß? Ehrlich? Unsinn. Ursula hätte sich am liebsten zu der jungen Frau rübergebeugt und gesagt: «Um Himmels willen, ermuntern Sie sie nicht auch noch!» Ganz offensichtlich hatte die Mutter ihre Kinder überhaupt nicht im Griff.

Dann plötzlich schien es der Kleinen langweilig zu werden. Sie drehte sich ihrer Schwester zu und griff nach der Bonbontüte.

«Nein!», sagte die Ältere und entwand sich. Sie schüttelte die Tüte nun nicht mehr, sondern hielt sie fest umklammert in der Faust.

«Ich war noch nicht fertig», sagte sie ihrer Schwester und dann, wieder an Ursula gewandt: «Du hast meine Frage nicht beantwortet. Du weißt schon. Fährst du nach Hause? Hält der Zug da, wo du wohnst?»

«Jetzt ist aber Schluss!» Plötzlich schien die Mutter sich einen Ruck gegeben zu haben, sie hatte ihren Platz verlassen und nahm jetzt beide Mädchen energisch an die Hand. «Ihr gebt jetzt Ruhe. Wir haben genug von euren Faxen…» Sie zerrte die beiden zurück an ihren Platz, und Ursula spürte die Erleichterung wie einen Stoßseufzer. Ihr Herz schlug heftig, merkte sie. Minutenlang, schien ihr, saß sie da, bis ihr Atem sich normalisierte und sie ruhiger wurde. Sie saß reglos da, als wäre sie in einem Film oder Bild und sähe sich selbst von Weitem: eine adrett gekleidete Frau in einem schicken Rock mit einer ebensolchen Kostümjacke. Auf dem Schoß hatte sie eine brandneue Handtasche, teuer, aus leuchtend orangerotem Leder, die sie ungefähr vor einem Monat in der Bond Street extra für diese Reise gekauft hatte, darin Buch, Geldbörse, Sonnenbrille … alles ganz ordentlich und gut in Schuss. Sie war eine Frau im Zug, so sah sie sich, wie in einer Kurzgeschichte. Saß da kerzengerade in der Abendsonne.

Von den Kindern danach nichts mehr. Als hätte ihr Tatendrang ihnen zu viel abverlangt und sie wären sofort eingeschlafen. Ursula riskierte einen Blick: Tatsächlich, da lagen sie an die Mutter geschmiegt, die selbst die Augen geschlossen und den Kopf ans Polster zurückgelegt hatte.

Draußen vor dem Fenster glitt langsam der Bahnhof

weg. Der Zug beschleunigte, dann fiel der Bahnsteig zurück und sie tauchten wieder ans Tageslicht, fuhren zwischen den üblichen Depots mit hingewürfelten Schuppen und abgestellten Waggons, Containern und Transportkisten hindurch. An dem spätnachmittäglichen Vorfrühlingslicht war etwas vertraut, eine Traurigkeit, ein Gefühl von Verlust, in der Luft lag eine Ahnung, dass der Tag trotz der hellen Sonne nicht so gelaufen war wie erwartet und mehr kaum zu bieten hätte. Als wäre diese eine Stunde dieses Nachmittags in diesem Septemberlicht alles. Ursula wünschte, sie könnte auch die Augen schließen. Alles an dieser Reise war ermüdend. Sie war fast drei Wochen – gefühlt dreißig – unterwegs, war überall gewesen – Asien, Australien und jetzt hier –, und sie war müde, war es müde, unterwegs zu sein, das müde, was sie machte, das viele Reisen, den Termindruck, die Hotels, das Einchecken, Auschecken, in Flugzeuge steigen und wieder raus ... Sollte doch nach dieser Reise eine andere *sie* sein, dachte sie. Sie sah auf die vertraute, parallel zu den Gleisen verlaufende Straße hinaus, den nicht abreißenden Strom der Pendler zu Feierabend – und wozu das alles? Musste irgendjemand wirklich zwingend irgendwohin? Was hatten sie überhaupt alle dort auf der Straße zu suchen, von einem Ort unterwegs zu einem anderen ... Es erschien ihr alles so sinnlos, schon die Idee eines Bestimmungsorts, zu wissen oder sich dafür zu interessieren, wo man landete ...

Aber natürlich interessierte es die Leute schon. Die Menschen in den Autos und hier im Zug, sie hatten Freunde und Familie, Leute, die zu treffen, Dinge, die zu tun waren. Sie war eben müde und beziehungslos, schlafbedürftig, aber nicht imstande, litt an Jetlag einer Arbeit wegen, die sie gar nicht mehr machen wollte, für eine Agentur, die sie schon längst nicht mehr aufregend fand. Dass sie das alles als spannend empfunden hatte, war ehrlich gesagt lange her ... das alles. Das Wegfahren, das Reisen. Klar, irgendwann einmal hatte sie das toll gefunden, jeden Monat in Heathrow zu sitzen, auf dem Weg in dieses oder jenes Land, um die Mitarbeiter aller Auslandsbüros kennenzulernen, eingeflogen zu werden, um in der Endphase oder zum Auftakt irgendeiner Kampagne zu helfen, dann nach erfolgreichem Abschluss die Partys und die Feierei... Inzwischen ging es ihr nur noch darum, es hinter sich zu bringen und wieder nach London zurückkehren zu können. Dort warteten auf sie die Wohnung und darin Peter, der in diesem Moment gewiss selig schlief ... Aber die Wohnung, Peter ... beide waren ... weit weg.

Jetzt, wo sie das Niemandsland der stillgelegten Strecken und Nebengleise hinter sich ließen, fiel die Schnellstraße unter ihnen weg und begann der Zug auf der aufgeständerten Strecke den Anstieg über eine Ecke des Hafens, der ihr immer prekär erschienen war – da war man so schnell oben und wieder unten, dass Ursula als Kind zumindest ein paar Sekunden lang gerne so getan hatte, als würde sie fliegen. Da – sie blickte hinab und erspähte ein tellergroßes Stück blitzblaues Meer, als bliebe zwischen den Rädern sonst nichts übrig –, dann ging die Reise weiter und hielt der Zug schnurstracks auf eine Bergflanke zu. Sie war müde, sicher, aber schlafen konnte sie natürlich auch nicht, sie mochte die Augen jetzt nicht schließen. Schließlich war sie aus freien Stücken hier, war es ihre Entscheidung gewesen, oder nicht? Und sie hatte doch jeden Moment mit wachen Sinnen erleben wollen, jede Sekunde ihres kleinen Abstechers, oder nicht?

Sie kamen aus der Kurve, und gleich dort neben den Gleisen tauchte wie immer schon die Zeile viktorianischer Arbeiterhäuschen auf, nur viel schicker als früher, mit Farbanstrichen in neuen Pastelltönen und bunt blühenden Vorgärten. Einst hatten dort Eisenbahner gelebt; «Armenkinder» hatten sie Ursulas Erinnerung nach zu Mitschülern gesagt, die von dort kamen, weil sie selbst im Winter noch Flipflops trugen, so verstockt schienen und nicht viel sagten. «Armenkinder», der Ausdruck ein Überbleibsel aus finsteren Zeiten, da selbst Kinder über andere redeten, als hätten sie mit ihnen nicht das Geringste gemein – und dem war ja auch so. Wie hatte das ganze Land sich doch verändert. Das fiel Ursula auf jedem ihrer Abstecher hierher ein – sonst hielt sie sich meist im Norden auf, wo man von jeher sehr für den Wandel gewesen war, siehe die Hochhäuser und Markenläden aus L.A. Doch als der Zug an den kleinen Cottages vorbeifuhr und sie die Rosen und Clematisranken sah, fand sie, der Wandel greife überall um sich, auch hier – das Zusammenleben war in jeder Hinsicht ganz anders als früher. Und doch … irgendwie auch vollkommen unverändert. Wie immer schien kein Mensch unterwegs zu sein. Ja, da war zwar die Zeile kleiner Häuschen, so adrett, so hübsch und irgendwie gesellig, aber in den Gärten und an den Toren war keine Menschenseele zu sehen. Man blickte zum Zugfenster hinaus, dachte Ursula, und ringsum bot sich nichts als Leere und – Stille. Wo waren bloß die Leute alle? Als handelte es sich bei dem Ganzen um eine Art Traum.

Im Grunde glich die ganze Reise einem Traum. Insofern, als alles an ihr sowohl vertraut war, erkennbar, wie auch fremd, sonderbar und verstörend: denn was für ein Zug rollte schon einfach übers Wasser auf eine aufgeständerte Brücke und ließ einen dort über dem Hafen hängen? Und was für eine Pendlerstrecke beförderte einen schon innerhalb von Sekunden aus einer typischen Stadtszenerie mit Bahnsteigen und verkehrsreichen Straßen an einen Hang, der so dicht mit Buschland überzogen war, dass die urbane Landschaft zum Verwechseln dem weglosen Hinterland glich, welches das finstere Herz der Insel ausmachte. Wahrhaftig, sagte sich Ursula, es war wie ein seltsamer Traum, sich so fremd und trotzdem mit allem so vertraut zu fühlen, dass jeder Blick und alles, was durch das im grellen Sonnenlicht verschmierte Fenster zu erspähen war, ihr einen Stich versetzte. Weißt du noch? Und das? Und das? Aber ja, natürlich wusste sie noch. Obwohl sie so sehr lange fort gewesen war. Sie wusste es alles noch.

Der Zug tauchte in den Tunnel ein und unter dem Hügel durch an die andere Seite. Dort ans Licht zu brechen fühlte sich, kurzzeitig, an wie ein neuer Morgen. Es gab diesen hoffnungsvollen Moment, Optimismus, eine Stimmung, wie man sie vielleicht erlebte, wenn man früh an einem hellen, vielversprechenden Tag aufwachte, bevor einen die Realität, die echte Zeit wieder einholte – und klar wurde, dass hinter dem freundlichen Frühlingslicht, an der Scheibe so warm, ein kalter, scharfer Wind lauerte –, die Einsicht, mal wieder, dass nur die Stunden dieses einen gegebenen Tages blieben. Das war ein tief in ihr verwurzeltes Gefühl, als wäre es ihr Leben lang da gewesen und hätte sie es nie ausmerzen können. Es gab den Blick hinab in die Schlucht mit ihren wenigen in den Busch geduckten Häusern – wie konnte dort jemand nur leben wollen? – und hinauf an den Hang mit den versprengten roten Wellblechdächern und Holzveranden, Neubauten mit breiten Holzdecks und Panoramafenstern ... allesamt als wären es Pappmodelle, die demnächst wieder weggeräumt würden. So unwahrscheinlich, unhaltbar und zerbrechlich, die kleinen Häuschen. Nur das wilde Buschland war immer unvergänglich gewesen, die Manukas und das ganze andere subtropische Strauchwerk. In diesem Land konnte man beliebig viele neue Häuser errichten, einen gefragten Architekten beauftragen, mit Beton und gebürstetem Stahl zu bauen ... dahinter begann trotzdem der Busch. An der Strecke, die sie jetzt befuhren, sah Ursula, wucherte er so dicht und üppig wie eh und je. Seine Schatten waren vorzeitlich. Wie immer eben.

Sie erreichten die erste Bahnstation, die, die vor einer Kulisse aus Ginsterhängen und Schafen immer an einen kleinen Provinzbahnhof erinnert hatte – als wäre man schon weit draußen auf dem Land. Dort stand es, das alte hölzerne Bahnhofsgebäude mit Wartesaal und Fahrkartenschalter – wie es sie in ländlichen Regionen überall auf der Welt gab, dachte Ursula ... Bahnhöfe, von denen man kaum glauben konnte, dass dort jemand aus- oder einstieg, und doch war es so. Der Zug verlangsamte die Fahrt, hielt und fuhr ruckelnd wieder an. Mit jeder Minute, jeder Meile kamen sie dem Ort näher, an dem Ursula den Zug selbst verlassen würde, eine im Nirgendwo ankommende Reisende, an einem ebendieser menschenleeren Bahnstationen irgendwo auf der Welt.

Und als sie rund fünfzehn Minuten später ihren Fuß auf die Plattform setzte, dachte sie es erneut: Da stehe ich nun sonst wo auf einem Bahnsteig, als wäre ich weit und breit der einzige Mensch. So war ihr auch damals an jenen endlosen Nachmittagen immer zumute gewesen, die Schultasche schwer vor Büchern, dazu noch Turnzeug und Tennisschläger, Badezeug, Malsachen. Im Sommer hatte sie sich in der Hitze gleich dort auf dem Bahnsteig niedergelassen und auf der Stelle ihrer Schuhe und Socken entledigt, um barfuß weitergehen zu können; das kriegte ja niemand mit, und wie himmlisch duftete das Geißblatt am Trampelpfad vom Bahnhof über den Hügel. Es blühte auch jetzt. In diesem Land schien alles früh oder gleich jederzeit zu blühen – vielleicht des Klimas wegen ohne Pause? Jedenfalls war die Sonne trotz des kalten Windes sehr intensiv. Sie brannte Ursula im Gesicht und auf dem Buckel, als sie zur Hauptstraße hochstieg und an den verwaisten Zufahrten zu allerhand Häusern und Gärten vorüberzog, in denen niemand zu wohnen schien. Es fuhr ein Auto vorbei. In der Ferne hörte sie Rufe – wohl ein Spiel oder Match. Vielleicht auf den Sportfeldern drüben am Schwimmbad? Ansonsten aber war alles ringsum ungeheuer still. Sie würde nicht lange bleiben.

Die Sonne blieb warm, vereinzelt huschten Wolken über sie hinweg, sonst war der Himmel blitzeblau. In London würde es jetzt langsam kühl werden. Drei Wochen waren seit ihrem Reiseantritt vergangen, und sie sah deutlich, wie das Wetter sich änderte, die Luft klarer wurde, erste Narzissen sich zeigten, während in London jetzt kurz vor dem Oktober die Blätter gelb wurden. Ursula legte ihre Kostümjacke ab und faltete sie lose in ihre Tasche. Alles wurde ihr schwer – die Jacke, die Tasche, ihre Füße auf dem Asphalt, der ganze Körper. Wirklich, sie war vollkommen erschöpft. Inzwischen brauchte sie Wochen, um den Jetlag zu überwinden – ein weiterer Grund, den Job aufzugeben. Es war verrückt, sein Auskommen darin zu finden, permanent durch die Welt zu fliegen. Das war bestimmt nicht gesund. In jungen Jahren ging es noch an, aber irgendwann wurde alles anstrengend, Zeitdruck, Überzeit … das war nie recht ihr Fall gewesen. Wie hatte sie gestern bei der Besprechung gesagt? Globalzeit? Ihr Einfall zu der Airline, die sie lancieren sollten; der war schlicht ihrer eigenen Lage entsprungen, er brachte auf den Punkt, wie k.o. sie war. «Globalzeit», ha! – global leid war sie das alles. Und doch würde der Begriff als Claim für die gesamte Kampagne übernommen werden – Anzeigen, Außenwerbung, Fernsehen. Ein Kreativansatz aus dem fluglahmen Ärmel geschüttelt …

Und da war sie nun, gewissermaßen in Globalzeit, überwand die Hügelkuppe und bog in die Straße ein, die ihr Ziel und der ganze Zweck der Übung war: heute Morgen in die Stadt geflogen zu sein, die Bahn genommen, eine Fahrkarte gekauft, sich einen Sitzplatz gesucht und die beiden schrecklichen Kinder ertragen zu haben. Als sie an ihrer Haltestelle ausgestiegen war, hatte sie kurz zurückgeblickt und gesehen, dass die beiden Mädchen inzwischen wieder wach waren, am Fenster hingen und sie anstarrten. Ohne besondere Gemütsregung, ohne zu lachen, vollkommen still, unverwandt eigentlich. Ursula wusste nicht recht, warum sie jetzt ausgerechnet daran denken musste. Sie rückte den Riemen der Handtasche auf ihrer Schulter zurecht, der herrlichen brandneuen orangeroten Handtasche. Vier Wochen war es nun her, dass sie die in der Bond Street gekauft hatte, und jetzt schleppte sie die hier tief, tief in die Vergangenheit.

«Wenn das keine Globalzeit ist, was dann?», sagte Ursula laut, hörte ihre Stimme glockenrein in der reglosen Luft. Sie war jetzt so furchtbar weit von London entfernt. Alles dort weiter entfernt als je zuvor – von dieser Stunde, die sie durchschritt, von dieser Minute, dieser Sekunde, dieser Straße. Ihre Wohnung, ihr Leben mit Peter und den Freunden, ihr Viertel, der Pub an der Ecke, der Park gegenüber ... gab es die überhaupt noch? Waren sie real?

In dem Moment klingelte, als würde die Antwort vorweggenommen, ihr Handy – schrillte dringlich in der Stille wie ein Alarm. Sie tastete am Grund ihrer Tasche danach und tippte auf «Annehmen». Es war Peter.

«Wieso rufst du an?», rief sie erschrocken. Was machte er bloß? «Bei dir ist es mitten in der Nacht! Ist alles in Ordnung?»

«Schatz ...» Da hörte sie seine tiefe Stimme, das wunderbar vertraute gemütliche Brummen. «Alles bestens», sagte er. Er war betrunken. «Schatz, ich war unterwegs. Ich bin gerade erst heimgekommen. Du hast mir gefehlt, du fehlst uns allen.»

«Ah ...» Ursula blieb stehen. Das war es also. «Verstehe ...» Am Zaun hing ein Schild: ZU VERKAUFEN. «Du fehlst mir auch», sagte sie.

«Es war ein besonderer Abend», fuhr Peter fort, als

hätte sie kein Wort gesagt. «Und du fehlst mir. Ich wünschte, du wärst hier ...»

«Ist auch wirklich alles in Ordnung?», fragte Ursula. Auf dem Schild war die Aufschrift «ZU VER-KAUFEN» überklebt: «VERKAUFT». «Du klingst, als wärst du sternhagelvoll ...»

Peter lachte. «Ich *bin* sternhagelvoll. Schatz, ich sage doch: Alles bestens.» Er lachte erneut, sein komisch lasziives Lachen. «Aber diese Reisen, die du da ständig machst ...» – sie hörte ihn innehalten und sich eine Zigarette anzünden – «... sie werden länger und länger ...»

«Ich weiß», sagte Ursula. Das Schild sah aus, als hänge es schon länger. Sie griff hinauf und berührte es, die Farbe blätterte bereits. «Das finde ich auch», sagte sie. «Ich habe darüber nachgedacht. Ist wirklich alles in Ordnung?»

«Alles ...» Peter seufzte. «Bestens.» Sie hörte, wie ihm die Augen zufielen. Sie musterte noch mal das Wort «VERKAUFT»; es war bloß ein über das Schild geklebter Papierstreifen und der löste sich auch schon ab. Es war nur aufgeleimtes Papier. Da kam es ihr plötzlich: Sie könnte in ebendiesem Moment bei Peter sein, es gab keinen Grund, hier zu stehen. Sie hätte sich anders entscheiden können. Sie beide hätten zusammen von seiner Party heimkehren können, spät, müde, zusammen ins Schlafzimmer hochsteigen, sich ausziehen und ins Bett gehen können, ihre Handys abschalten, das Licht ausmachen. Stattdessen hing er dort am Telefon, sie hier am Telefon, er am einen Ende der Welt, sie am anderen.

«Tja», sagte Ursula. «Du solltest schlafen gehen. Du fehlst mir.» Das Gartentor, sah sie, war nicht abgesperrt – aber wann war es das je gewesen? –, also gab sie ihm einen Schubs. «Ich kann es kaum erwarten, wieder daheim zu sein ...», sagte sie, schob fester an dem Tor, bis es halb aufsprang. In London würde sich Peter nicht mal erinnern, sie angerufen zu haben.

«Ach, Schatz ...», sagte er jetzt wieder. «Wo bist du? Ich habe den Überblick verloren. Wo bist du gewesen?»

Ursula stieß das Tor ganz auf und betrat den Gartenweg. Alles da. Die Rhododendren blühten an der Rasenkante. Die Magnolie knospte. Das Haus stand leer.

«Leg nicht auf», sagte sie zu Peter.

«Nicht doch ...» Sie hörte ihn an seiner Zigarette ziehen. «Ich bin ja da», sagte er. «Ich mach nur mal kurz die Augen zu ...»

Als sie aus dem Zug gestiegen war und die zwei kleinen Mädchen so glotzten, hatte Ursula sich ganz schnell abwenden müssen. Der bohrende Blick der beiden, er hatte sie erschreckt, der Gesichtsausdruck der Älteren genau der, den sie Ursula gezeigt hatte, als sie angelaufen gekommen war und sie mit Fragen gelöchert hatte, ein Ausdruck unverhohlener Neugierde, aber auch Fassungslosigkeit, als wäre Ursula eine Monstrosität.

«Leg nicht auf», flüsterte sie Peter zu, aber es war nichts zu hören. «Warte noch», sagte sie und ging, das Telefon am Ohr, den Gartenweg hinauf, stieg die steinernen Stufen hoch an die Haustür und klopfte, obwohl das Haus doch ganz offensichtlich leer stand.

Was machst du hier nur?

Das hatte das Kindergesicht ausdrücken wollen.

Wer bist du wirklich?

Als hätte das kleine Mädchen etwas an ihr bemerkt und als wahr erkannt, was Ursula verborgen hielt, tief in ihrem Innern, als hätten beide Mädchen von Anfang in der, die da so gefasst in ihren schicken Klamotten mit ihrer teuren Bond-Street-Tasche im Zug saß, schon diese Person hier gesehen, eine, die an einen bestimmten, so vertrauten Ort zurückkehrte und doch keinen Boden unter den Füßen hatte, keinen Halt, keine Sicherheit.

Eine, die sich womöglich ausmalte, wie sie anklopfte und die drinnen sofort wüssten, dachte sie, irgendwie wüssten, dass sie es war, den Flur heraufgerannt kämen und die Tür aufrissen, vor der sie bereits auf der Veranda wartete.

«Da bin ich», würde sie zu ihnen sagen, und sie würde ihre orangerote Tasche absetzen. «Bin zu Hause», sagte sie, aber zu Peter, obwohl sie am Schweigen in der Leitung erkannte, dass er schlief und sie vollkommen allein war.

—

– *Literaturauswahl* –

Katherine Mansfield: *Die Aloe.* Aus dem Englischen von
Liat Himmelheber. Steidl Verlag, Göttingen 2021.

Katherine Mansfield: *Eine indiskrete Reise und andere
Erzählungen.* Aus dem Englischen und mit einem Essay
von Ursula Grawe. Reclam Verlag, Stuttgart 2019.

Katherine Mansfield: *Fliegen, tanzen, wirbeln, beben –
Vignetten eines Frauenlebens.* Aus dem Englischen über-
setzt von Irma Wehrli. Mit einem Nachwort von Dörte
Hansen. Herausgegeben von Horst Lauinger. Manessc
Verlag, München 2018.

Katherine Mansfield: *Sämtliche Erzählungen.* Herausgegeben, ins Deutsche übertragen und mit einem biographischen Nachwort versehen von Elisabeth Schnack. btb
Verlag, München 2013.

Katherine Mansfield: *Über die Liebe.* Aus dem Englischen von Brigitte Walitzek. Schöffling Verlag, Frankfurt
a. M. 2012.

Katherine Mansfield: *Sämtliche Werke. Alle Kurzge-
schichten und Erzählungen.* Aus dem Englischen von
Heiko Arntz, Ute Haffmans & Sabine Lohmann. Mit
Anmerkungen versehen und einem Nachwort herausge-

geben von Heiko Arntz. Haffmans Verlag bei Zweitausendeins, Frankfurt a. M. 2009.

Ida Baker: *Ein Leben für Katherine Mansfield. Erinnerungen.* Aus dem Englischen und mit einem Vorwort von
Helen Stark-Towlson. Fischer Verlag, Frankfurt a. M.
1998.

Pietro Citati: *Katherine Mansfield. Ein kurzes Leben.*
Aus dem Italienischen übersetzt von Dora Winkler.
Europäische Verlagsanstalt, Hamburg 1998.

Ida Schöffling: *Katherine Mansfield: Leben und Werk in
Texten und Bildern.* Insel Verlag, Frankfurt a. M. 1996.

Katherine Mansfield: *Briefe.* Herausgegeben von Vincent
O'Sullivan. Aus dem Englischen von Eike Schönfeld.
Insel Verlag, Frankfurt a. M. 1992.

Katherine Mansfield: *Eine Ehe in Briefen.* Herausgegeben, ausgewählt und ins Deutsche übertragen von Max A.
Schwendimann. Droemer Knaur Verlag, München 1988.

Katherine Mansfield: *Das Leben sollte sein wie ein steti-
ges, sichtbares Licht. Briefe, Tagebücher, Kritiken.* Hrsg.
von Christel Schütz. Mit einer biographischen Skizze von
Elisabeth Schnack. Fischer Verlag, Frankfurt a. M. 1983.

Katherine Mansfield: *Tagebuch* [1904 – 1922]. Hrsg. und
übers. von Max A. Schwendimann. Deutscher Taschen-
buch Verlag, München 1981.

– *Zitatnachweise* –

Auszüge und Kurzzitate aus den Werken von Katherine Mansfield und Edward Said werden hier in deutscher Übersetzung nach den folgenden Ausgaben angegeben:

Katherine Mansfield: *Sämtliche Werke. Alle Kurzgeschichten und Erzählungen*. Aus dem Englischen von Heiko Arntz, Ute Haffmans & Sabine Lohmann. Mit Anmerkungen versehen und einem Nachwort herausgeben von Heiko Arntz. Haffmans Verlag bei Zweitausendeins, Frankfurt a. M. 2009.

Edward Said: *Am falschen Ort. Autobiografie*. Aus dem Englischen von Meinhard Büning. Berlin Verlag, Berlin 2000.

Wir danken den beteiligten Verlagen.

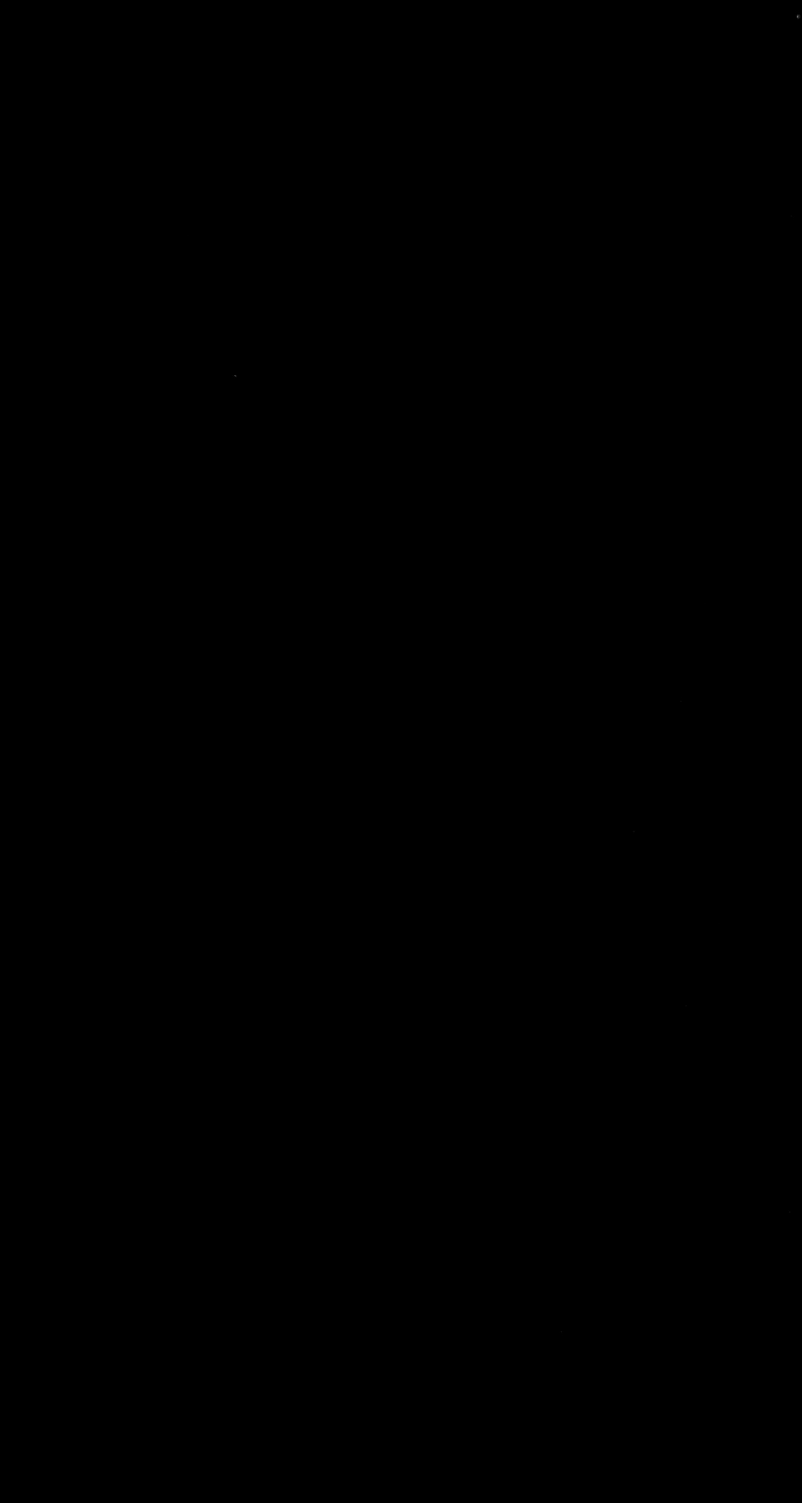